O Louco, O Psiquiatra e O Psicanalista

Durval Checchinato

O Louco, O Psiquiatra e O Psicanalista

Artesã

O Louco, o Psiquiatra e o Psicanalista

DIRETOR
Alcebino Santana

COORDENAÇÃO EDITORIAL
Karol Oliveira

DIREÇÃO DE ARTE
Tiago Rabello

REVISÃO
Claudia Simionato

DIGITAÇÃO
Carla Assunção

CAPA
Ana Stancioli Castriota

IMAGEM DE CAPA
O Manicômio/ Francisco de Goya

PROJETO GRÁFICO E DIAGRAMAÇÃO
Conrado Esteves

C514 Checchinato, Durval, 1936-.
O louco, o psiquiatra e o psicanalista / Durval Checchinato.
– Belo Horizonte : Artesã, 2021.

164 p. ; 23 cm.

ISBN: 978-65-86140-79-8

1. Psicologia. 2. Psicanálise. 3. Psicopatologia. I. Título.

CDU 159.9

Catalogação: Aline M. Sima CRB-6/2645

IMPRESSO NO BRASIL
Printed in Brazil

(31)2511-2040 (31)99403-2227
www.artesaeditora.com.br
Rua Rio Pomba 455, Carlos Prates - Cep: 30720-290 | Belo Horizonte - MG
/artesaeditora

Sumário

"Nomeei loucura: como louvo Ey por obstinadamente manter o termo, com tudo o que pode apresentar de suspeito por seu antigo mofo de sagrado àqueles que quereriam reduzi-lo de algum modo à *omnitudo realitatis*".

"Por falar em termos concretos, nada há que distinga o alienado dos outros doentes senão que a gente o encerra num asilo e os outros os hospitalizamos. Ou ainda, a originalidade de nosso objeto é de prática -social-ou de razão-científica"?...

"*Idea vera debet cum suo ideato convenire*" (Spinoza): "a ideia verdadeira **deve** convir com seu ideado"...

"A questão da verdade condiciona em sua essência o fenômeno da loucura e a querer evitá-la, castra-se este fenômeno da significação; por aí penso mostrar-lhe que ele se atem ao próprio ser do homem..." (E. I. 153-4).

"O fenômeno da crença delirante... é desconhecimento... nos sentimentos de influência e de automatismo o sujeito não reconhece suas próprias produções como sendo suas. É no que estamos todos de acordo: um louco é um louco. Mas o mais notável não é que ele tenha de conhecê-las?

Pois uma característica muito mais decisiva, pela realidade que o sujeito confere a esses fenômenos, sensório que experimenta ou a crença que a eles confere, é que todos sejam quais forem, alucinações, interpretações, intuições e com certo estranhamento ou estranheza que sejam por ele vividos, esses fenômenos o visam pessoalmente: eles o desdobram, lhe respondem, lhe fazem eco, leem nele, como ele os identifica, os interroga, os provoca e os decifra. E quando todo meio de os exprimir vem faltar-lhe, sua perplexidade nos manifesta ainda uma hiância interrogativa: isto é, que a loucura é inteira vivida no registro do sentido.

O interesse patético que ela assim comporta, dá uma primeira resposta à questão por nós proposta do valor humano de seu fenômeno. E seu alcance metafísico se revela nisso em que o fenômeno da loucura não é separável do problema da significação para o ser em geral, isto é, da linguagem para o homem" (E. I. 165-6).

Bonneval, 28 de setembro de 1946
Jacques Lacan

Introdução

O enigma da loucura atravessa gerações e até hoje não temos uma solução universal.

Freud e Lacan nos descortinam um horizonte: a loucura é também uma doença da ordem da linguagem. O sujeito humano é sujeito porque a linguagem o faz homem, sujeito à linguagem.

O sujeito é habitado e habita a linguagem. A linguagem o divide de si mesmo. Divide-o também de seu objeto de desejo. Contudo, na loucura a divisão é sem o real e, por isso, o sofrimento é imenso. O sujeito flutua, se vê sem ancoragem na realidade.

"Na loucura, seja qual for sua natureza, é-nos necessário reconhecer de um lado a liberdade negativa de uma palavra que renunciou a se fazer reconhecer, ou seja, o que chamamos obstáculo à transferência e, de outro, a formação singular de um delírio que – fabuloso, fantástico ou cosmológico; interpretativo, reivindicativo ou idealista – objetiva o sujeito numa linguagem sem dialética.

A ausência da palavra manifesta-se aí pelas estereotipias de um discurso em que o sujeito, pode-se dizer, é antes falado do que fala: nós reconhecemos aí os símbolos do inconsciente sob formas petrificadas que, ao lado das formas embalsamadas em que se apresentam os mitos de nossas coleções, encontram seu lugar numa história natural desses símbolos. Mas é erro dizer que o sujeito os assume: a resistência ao reconhecimento delas não sendo menor do que nas neuroses, quando o sujeito é induzido por uma tentativa de cura" (Lacan: Ecrits I, p. 279/80).

Para Lacan, todas as patologias psíquicas – neuroses e psicoses – se originam da história do sujeito: "o grande segredo da psicanálise é que não há psicogênese".

A história da Loucura é um capítulo sombrio da história humana. É também uma seção obscura da medicina. A partir da Idade Média, onde o louco tinha seu lugar na cidade ou no campo, ele passou a ser um rejeitado, um apartado da sociedade. Sua aparente desrazão não lhe permitia mais estar na convivência com os seres humanos racionais. Os leprosários esvaziados foram os primeiros hospícios a aprisioná-los. As naus-de-louco passaram a percorrer rios, canais, mares... A loucura tinha que ser enquadrada. Em seguida, os asilos de louco. Vieram os psicotrópicos... parecia grande esperança, mas foi troca da camisa de força pela camisa química.

Em 1900, a desrazão finalmente encontrou abrigo e escuta: Freud, definitivamente: a desrazão tem sua razão. É, pois, preciso escutá-la.

Lacan se abre ao mestre, à sua facticidade. Eleva as descobertas dele a uma segunda potência, delimita o campo epistemológico e transforma a psicanálise em ciência do sujeito.

A leitura do enigma da neurose ou do sonho, como significante que representa o sujeito para outro significante de sua história, fechou o campo de uma certeza antecipada. Na mesma lógica de "o inconsciente memória que não esquece nem se apaga", "o inconsciente é a história do sujeito". A mesma postura para a psicose: o delírio, a paranoia são significantes que representam o sujeito (ausente, foracluído) para outro significante (Meu Ensino).

A foraclusão descoberta por Freud e desenvolvida formalmente por Lacan é sem dúvida não só uma concepção elegante, mas um mecanismo drástico da loucura. O que mais desejo é que haja psicanalistas que saibam desapegadamente acolher e escutar o louco, sugere Lacan.

Serge Leclaire, Maud Mannoni, J. Clavreul, J. P. Bauer, M. Safouan, Joël D'or... dedicaram-se à clínica da psicose... Na pegada deles, propus-me a seguir-lhes os passos em ciência e arte. O posicionamento teórico e clínico de Lacan diante da psicose é-nos não só uma provocação, é um estímulo poderoso: por que não escutar o delírio, a paranoia, como sintomas de um vazio?

Algo ocorreu, porém. Os mais velhos foram morrendo e o movimento clínico, lacaniano ou não, sobretudo o da loucura, foi-se afrouxando. Cada vez menos psicanalistas dedicados à escuta do louco.

A psicanálise na França, principalmente em Paris, parece ter perdido a pujança, e mais, a força clínica. A psiquiatria movida pelo arsenal das farmacêuticas passou à dianteira, e a psicanálise perdeu vigor, infelizmente, para os doentes da mente.

Em nosso meio, hoje em dia, poucos se dispõem a se sustentar na posição de analistas de psicóticos.

Exponho aqui meu trabalho psicanalítico com psicóticos. Procurei fundamentá-lo teoricamente e expor minha clínica.

A casuística aqui estampada foi a possível. Os que aqui expuseram seu sofrimento e a superação dele o fizeram em solidariedade aos que padecem de semelhante dor. Que não desesperem. Tem saída. Espero vivamente que outros e outras colegas se disponham a acolher e a escutar o sofrimento drástico de tantos e tantas pacientes. Essa escuta é preciosa por restituir a ressubjetivação do louco e, assim, evitar que soçobre no abismo da cronificação. "Se fosse averiguado que a vida não tivesse nenhum fim, aos nossos olhos, ela perderia todo valor" (Freud - Mal-estar na Civilização).

Espero, outrossim, que esse trabalho suscite diálogo fecundo e generoso entre psicanalistas e psiquiatras.

Julho de 2021.

Psicanálise e loucura

"Le grand secret de la
psychanalyse c'est qu'il
n'ya pas de psychogenèse"
(Lacan, J.)

Histórico: A Psicanálise

Em 5 de janeiro de 1977, teve início a seção clínica do Departamento de Psicanálise da Universidade de Paris VII em Vincennes com um discurso inaugural de Jacques Lacan.

No final de sua exposição: "Eu proponho que a seção que em Vincennes se intitula 'clínica psicanalítica' seja uma maneira de interrogar o psicanalista, de pressioná-lo a declarar suas razões". E, precisamente, o que pretendo com este texto: permitir-me interrogado, pressionado pela clínica psicanalítica "a declarar minhas razões".

Talvez esteja aí o princípio que sempre norteou Jacques Lacan quanto à formação do psicanalista. Formação para ele é formar-**se**, é prática constante. Em qualquer atendimento, o que importa é que o psicanalista se deixe "interrogar" e "pressionar a declarar suas razões" de escuta e atuação. Um pouco antes de assim se expressar, ele adverte: "A psicanálise, como todas as outras atividades humanas, participa incontestavelmente do abuso. A gente faz como se soubesse alguma coisa". Sempre que a clínica psicanalítica não "funciona" é do lado do psicanalista, sugere ele, que primeiramente se deve procurar a razão. A verdade está lá: "a verdade não está sem relação com aquilo que eu chamei de real, mas é uma relação lassa". Por isso, a isenção, o desapego do psicanalista está na razão direta de deixar-se surpreender pelo real do paciente, por aquilo que o faz sofrer. É daí que Lacan tira a definição da clínica psicanalítica:

"o real enquanto é impossível de suportar". O real é do sujeito, mas um sujeito sofrendo a ponto de não conseguir suportá-lo como tal. A análise se propõe a propiciar ao analisando uma "leitura", um encarar desse real que dissipe o "impossível" de o suportar. A partir de um ato analítico, ou vários, esse "impossível" perde força imaginária graças à intervenção do simbólico, e o real se faz "possível de ser suportado".

Essa passagem (ato) consiste num rompimento com o gozo do Outro: ... "há um campo que designei pelo nome do gozo do Outro, que é para se representar por aquilo que ele é, isto é, como inexistente". O louco não sabe que não é senão uma marionete desse gozo, e a clínica consiste em quebrar a dependência desse "gozo inexistente": "o que precisaria é dar corpo – é o caso de o dizer – a esse gozo ausente do outro, e fazer um pequeno esquema no qual o imaginário estaria em continuidade com o real", e não coagulado no domínio do delírio ou da alucinação, pois "o imaginário evidentemente faz parte do real, o fato que haja corpos faz parte do real".

Em todo caso, afirmou na mesma efeméride: "a psicose é aquilo diante do qual um psicanalista não deve recuar em caso algum". Minha geração teve a sorte de desfrutar do esplendor da teoria e prática da psicanálise na França: uma geração animada por Jacques Lacan, e este rodeado de grandes inteligências e grandes clínicos: Serge Leclaire com sua clareza, brilhante sobre a implantação da foraclusão; Maud Mannoni com sua prática iluminada de análise de psicóticos e de filhos como sintomas dos pais; Jean Clavreul, Moustafa Safouan, Perrier, Joël D'or e tantos outros... Uma plêiade de luminares da prática da clínica psicanalítica, e todos eles a encarar o desafio lançado por Lacan, diante da psicose "um psicanalista não deve recuar em caso algum".

Além desta chance, eu estive inteiro mergulhado no movimento antimanicomial e antipsiquiátrico: Lang, Cooper, Szasz, Basaglia... Todos meus contemporâneos... A incrível experiência de Mary Burnes e a de Basaglia a mandar os loucos para casa! Foi uma experiência vibrante e contagiante! E para completar, a chance única de conviver com Michel Foucault e sua esplêndida "História da Loucura".

Eu, pessoalmente, ao me deparar com a afirmação de Lacan, sentia-me diante de um enigma indevassável. Mas, aos poucos, os *Escritos* dele, seu seminário sobre "As Psicoses" e a prática dos mestres citados, sobretudo Maud Mannoni e Serge Leclaire, puderam me iluminar e me despertar para a escuta de psicóticos. Fiz disso uma prática contínua ao longo de minha vida. Nada me atrai tanto como tratar de casos de psicose e de doenças autoimunes.

Por que gosto de tratar de tais pacientes?

Porque, em nenhum outro paciente, a incapacidade do saber próprio do psicanalista é tão fundamental. É nesses casos que a escuta é radicalmente psicanalítica: diante do delírio, da alucinação ou diante de um lúpus, de uma psoríase, uma retocolite aguda, ou mesmo de uma alopecia ou uma púrpura, o analista é drasticamente destituído de todo e qualquer saber: o saber está alhures ("*ça pense*", id pensa! E.I. p. 548) e, melhor ainda, sem conexões disponíveis de significantes verbalizáveis que representem o sujeito para outro significante, como é o caso das neuroses. Psicanalista e paciente se põem a delirar ou "viver" o estrago de um lúpus ou mesmo de doenças degenerativas, tais como Parkinson ou mesmo um câncer. Estas, freá-las é grande vitória. "É certo (dizia Lacan no evento acima evocado) que o paranoico não somente se identifica ao sintoma, mas o psicanalista se identifica com ele igualmente. A psicanálise é prática delirante, mas é o que temos de melhor atualmente para ter paciência com essa situação incômoda de ser homem. É em todo caso o que Freud achou de melhor". E ele manteve que "o psicanalista não deve jamais hesitar em delirar". E confessa: "Se eu fosse mais psicótico, eu seria provavelmente melhor psicanalista".

Em contraponto, o mesmo Lacan adverte que "não vale a pena terapeutizar" o psíquico, pois essa prática confundiria mais ainda o estado do psicótico, como bem assinala Freud no capítulo VII na *Interpretação dos Sonhos*. Lacan, com outras palavras: "(...) não se deveria ter pressa de curar. Não se trata de sugerir, nem de convencer". E arremata: "a psicoterapia conduz ao pior"[1]. Ela embarca na classificação, paira no imaginário: "Utópica retificação do par imaginário" (E.I. p. 54).

A propósito, é interessante notar que aqui se trata de um importante e decisivo corte epistemológico. A psicanálise opera sempre e invariavelmente dentro da história do paciente, ou seja, édipo e castração são seus eixos de atuação. O *Estádio do Espelho* é o alicerce que sustenta todo o edifício subjetivo. A psicanálise trabalha com o registro histórico

[1] (Ornicar? Bulletin périodique du Champ Freudien, nº 9, 1977 – passim -)

do paciente, isto é, seu inconsciente. A verdade (aletheia) que paciente e psicanalista procuram vem do real, porque é o real que a detém. É o processo primário que a abriga.

Nesse trabalho com as manifestações do inconsciente necessariamente lento e paciencioso, há um desmonte cadenciado do imaginário onde o sujeito acredita ser ele, e graças à escansão do tempo e à interpretação simbólica da cadeia de significantes que o representam exclusiva e unicamente, o sujeito emerge numa reconstrução libertadora e criativa. A psicanálise trabalha num campo bem definido: exclusivamente "as incidências subjetivas das emergências do real no sentido das reestruturações subjetivas sucessivas" (Aubry J.).

"É bem a assunção de sua história pelo sujeito enquanto ela é constituída pela palavra dirigida ao outro que faz fundo ao novo método ao qual Freud dá o nome de psicanálise" ... "A análise não pode ter por fim senão o advento de uma palavra verdadeira e a realização de uma história pelo sujeito, em sua relação com o futuro: "*Wo Es war sol Ich werden*" "Onde era id, Eu devo devir". Este é o imperativo ético que rege o sujeito em psicanálise. Naquilo que era Es, Id (o inconsciente), EU (o analisando) devo devir. "Devir" sujeito, conquistar o conhecimento de quem sou e ignorava. Freud emprega a bela metáfora do Zuydersee na Holanda: dique fechado, eliminada a água salgada ("sintomas"), a terra dessalinizada, e o leito do lago, aquela terra recuperada, transformou-se em prósperas e admiráveis fazendas. Outra: as escavações arqueológicas: construção (vide o belo artigo de Freud já em fim de vida) com o próprio material arqueológico. Eu prefiro: re-construção em psicanálise. O bloco mágico é outro recurso metafórico que ele usou com a mesma finalidade. A nova gravação não apaga a anterior, a superpõe.

Psicologia

A psicologia não goza de uma epistemologia na abordagem da loucura: a multiplicidade de teorias psicológicas deixa o/a psicólogo/a diante da loucura em situação de se perguntar, me dizia um deles: "que estou fazendo aqui"? Na mínima manifestação psicótica, rotula o paciente e o encaminha à psiquiatria. É de ver o embaraço de um psicólogo recém-formado, ou mesmo já provecto, diante de não saber como proceder com os pacientes psicóticos.

A Psiquiatria

Por sua vez, a psiquiatria tão bem documentada na "História da Loucura", de Michel Foucault, pouco mudou quanto ao fim de servir o poder do *establishment*: "É esta estrutura que dá conta da passagem da experiência medieval e humanista da loucura a esta experiência que é a nossa, e que confina a loucura na doença mental" (Foucault M.[2] p.11). Ela se refinou na contenção química do louco para o enorme regozijo das multinacionais de medicamento. No Brasil, a história da psiquiatria apresenta o mesmo quadro sombrio de outros povos.

Juqueri, Juliano Moreira, Barbacena... Grandes depósitos de "indesejáveis", os excludendos do convívio social. Daniela Arbex, em seu livro-denúncia "Holocausto Brasileiro", escancara os horrores do verdadeiro campo de extermínio de Barbacena. Como sempre "o colônia atendeu os interesses políticos"... Será que não foi sempre assim na questão da doença mental? E os interesses comerciais das farmacêuticas como os da Bristol Myers Squibb, que, em conluio com o Ministério da Saúde, usou um jovem psiquiatra para testar durante seis meses o antipsicótico Anatensol Depot de longa duração. "O Colônia tinha um perfil ideal: milhares de pacientes cronificados com internação permanente". E lá chegavam sem parar os "trens de doido", como os trens que conduziam judeus, homossexuais, inimigos políticos, aos grandes campos de concentração e de extermínio de Hitler. Em Barbacena, aconteceu o genocídio

[2] Foucault M. – Histoire de la Folie – Union Gènerale d'Editions – Paris 1961.

de 60.000 mortos. A psiquiatria teria que fazer *mea-culpa* dessa calamidade: verdadeiro crime contra a humanidade. Mas ela sempre se acovarda diante dos poderes civis ou econômicos. Verga-se. Opino que em toda residência em psiquiatria, os estudantes deveriam começar estudando a história da loucura e as barbaridades que a medicina chamada psiquiátrica praticou com os loucos, a começar pelo "Holocausto Brasileiro".

"O eletrochoque era tão comum na unidade, que muitas vítimas se tornavam algozes depois que a descarga elétrica passava". Era, por excelência, o instrumento de tortura, aplicado como castigo... "os eletrochoques eram dados indiscriminadamente". E a lobotomia seguia o mesmo ritmo: "(...) considerada uma técnica bárbara da psicocirurgia, a lobotomia ainda é realizada no país". A psiquiatria mineira "se passou nos porões da loucura": "Os subterrâneos da razão provocaram tantos óbitos que os corpos somavam pilhas de cadáveres, que eram comercializados com as faculdades de medicina". A entrada no hospital "é uma sentença de morte em vida": "Este lugar é a antecâmara da morte".

"Não entendo como a classe médica mantém silêncio sobre o extermínio desses pacientes. Não procuram saber onde são fabricados os cadáveres que alimentam as salas de anatomia das faculdades", dizia ao antipsiquiatra Basaglia o psiquiatra Dr. Antônio Soares Simona. E o próprio Basaglia, ao visitar Barbacena, confessava: "Estive hoje num campo de concentração nazista. Em lugar nenhum do mundo, presenciei uma tragédia como esta". Não é preciso dizer que Simona como seu colega Francisco Paes Barreto, também denunciante, por pouco não tiveram seus diplomas cassados no CRM de Minas Gerais.

O jornalista Hiram Firmino documentou esse horror numa série de artigos de grande valor histórico, e o psicólogo Helvécio Ratton imortalizou essa mesma execração num curta documental: "o curta acabou sendo um golpe de misericórdia no modelo de psiquiatria exercido até então". E Basaglia: "O seu filme tem um grande poder de revelação".

E assim caminhou a psiquiatria oficial: sempre a serviço do poder estabelecido. Vide hoje em dia a internação em hospitais psiquiátricos por ordem judiciária e por outros, psiquiatras ou não, o psiquiatra de plantão se rende ao poder público. Vide outrossim a última rendição da psiquiatria às multinacionais de medicamento: o DSM5 (Manual de Diagnóstico e Estatístico de Transtornos Mentais 5ª Edição). Um grupo de psiquiatras, entre eles um brasileiro, se prestou a esse entreguismo.

Quase nenhuma sensação diferente deixa de ser classificada na lista de transtornos. Não há mais estudo de patologias psíquicas, não há mais uma nosologia, apenas uma infinda nosografia (se é que podemos falar de "*nosos*", doença): há simplesmente uma classificação de comportamentos ou de sensações. E a finalidade fica clara: para todo estado psíquico, uma receita, ou seja, uma dependência. Com 99.5 % de certeza: um paciente não sai do consultório psiquiátrico, e agora até médico, sem a receita de um psicotrópico. É a medicalização compulsória do paciente, medicalização compulsória do sintoma. A ideologia de mercado das farmacêuticas está conseguindo uma façanha incrível: a saúde do ser humano precisa ser tocada a remédio. O comércio que mais avança no Brasil, depois dos alimentos, é a abertura de farmácias! Mau sinal para a saúde de um país.

E o mais curioso, apesar de tantos detalhamentos do comportamento humano no DSM5, não raro há casos em que não se sabe dar o diagnóstico e, muitas vezes, quando dado, é algo vago. Ao DSM cabe a sombria avaliação de Lacan: "A clínica psiquiátrica parece ter perdido toda competência teórica específica". Vale aqui a avaliação da "Hipermodernidade", de Sébastien Charles: "Ademais a própria lógica da descoberta científica não atende mais a uma visão humanista, como no passado, mas simplesmente ao lucro: a finalidade das pesquisas não é mais a verdade, mas a rentabilidade". Para Lyotard (Jean-François Lyotard – Filósofo Francês), essa modificação dos objetivos que tinham sido atribuídos à ciência moderna explica, ao mesmo tempo, a crise do saber e da sua transmissão (vide a psiquiatria atual!).

O doutor Peter Gørtzsche, dinamarquês, é cofundador da Cochrane (rede de cientistas que estudam a efetividade de medicamentos) e acaba de lançar o livro "Medicamentos Mortais e Crime Organizado: como a indústria farmacêutica corrompeu a assistência médica" (Bookman Editora). E, no capítulo 17: "Psiquiatria, o paraíso da Indústria de Medicamentos": "O DSM... tornou-se abominável... O DSM V poderia desencadear múltiplas epidemias..." "O DSM V já tinha criado três epidemias falsas porque os critérios diagnósticos eram amplos demais: transtorno do déficit de atenção e hiperatividade (TDAH), autismo e transtorno bipolar da infância" (pg. 185-6). "Importantes psiquiatras muitas vezes são traficantes de drogas altamente eficazes" (id.ib. 191). "Os medicamentos para TDAH são perigosos" (id.ib. 188).

O livro denuncia o Prozac como medicamento terrível: irritação extrema, risco de suicídio, agitação, ataques de pânico, insônia, agressividade... "Esses efeitos eram esperados pois a fluoxetina é similar à cocaína em seus efeitos sobre a serotonina" (id.ib. 197). E, pior que tudo, a corrupção e a imundície ética que foram usadas pela Lilly para impor no "mercado" uma droga falsa que, com certeza, não cura depressão. "Crime organizado", com suborno polpudo: viagem ao Caribe "por uma semana com abundância de entretenimento, incluindo mergulhar, surfar, velejar, garotas bonitas e noites quentes" (id.ib. 195).... "a Lilly tentou comprar não apenas o veredicto, mas também o julgamento do tribunal" (id.ib. 197). " (...) Não é exagero dizer que a pesquisa com antidepressivos está sob o controle total da indústria: ela fornece pseudoevidências randomizadas para mercados multibilionários" (id.ib. 199).

Neste livro, o Dr. Peter compara a indústria farmacêutica ao crime organizado e considera essa prática como uma ameaça à medicina segura. "Isso é fato – declara ele (Folha de S. Paulo 17/11/2016) –, não é acusação. Ela (a indústria) sabe que determinada ação é errada, criminosa, mas continua fazendo de novo e de novo. É o que a máfia faz. Esses crimes envolvem práticas como forçar evidências e fraudes". E o que é abominável é que haja psiquiatras que se rendem ao jogo dessa ideologia de mercado, cujo lema é "o lucro justifica os meios". Felizmente, nem todos, há os conscientes, éticos, há os que não se corrompem.

Peter investe fortemente contra a psiquiatria, terreno mais pantanoso dessa prática antiética: "as drogas psicotrópicas têm provocado muitos danos aos pacientes e podem se tornar ainda piores quando eles tentam interrompê-las porque aparecem os sintomas da abstinência, mas os psiquiatras muitas vezes negam isso. Eles aprendem com a indústria farmacêutica que nunca deve culpar a droga, mas sim a doença. Não sei de outra especialidade médica onde haja tanto excesso de diagnóstico e de transtorno ou onde os danos dos medicamentos sejam tão debilitantes e persistentes em relação aos benefícios. Felizmente alguns psiquiatras já perceberam que sua especialidade está em crise, então há esperança".

E Dr. Peter, a conclamar os médicos, sobretudo os psiquiatras: "Não confiem nos estudos publicados pela indústria farmacêutica. Muitas drogas são ineficazes e muito mais perigosas do que as pessoas imaginam. É uma tragédia dupla: as pessoas estão morrendo por causa de medicamentos e muitas vezes nem precisariam deles. Por essa razão, médicos devem prescrever menos remédios do que fazem hoje". E acrescenta: "Hoje cresce cada vez mais o número de pacientes viciados em drogas prescritas". Atormentam-se desesperadamente quando não têm a "medicação"! O psiquiatra nesse mundo "líquido", em mutação, poderia escutar a história do paciente e, em vez de lhe prescrever de imediato um ou vários medicamentos, sugerir mudanças de hábitos como, por exemplo, a respeito do ritmo circadiano, do sono, da atividade laboral, da atividade física, da alimentação, das relações de parentesco ou sociais... O psiquiatra não acredita no peso de sua palavra. É um equívoco pensar que quem o procura deseja apenas um psicotrópico. Isso é ideologia de mercado. "O paciente é um ser falante que historiza singularmente seu discurso. A doença - enquanto sintoma – pode até mesmo ser a mesma, mas os doentes são diferentes" ... "Cada paciente fabrica a sua doença" ... "tem sentido e função dentro de sua história" (DUPAS G. p. 194-195).

O termo "transtorno", em lugar de "doença" ou "patologia", foi habilidosamente escolhido. Transtorno é um termo genérico: na vida pós-moderna, ele está por toda parte: na rua, no metrô, no trânsito, na vida particular e social, no trabalho, no sono... Para cada transtorno, um medicamento: "A psiquiatria é o paraíso da indústria de medicamentos porque as definições de transtornos psiquiátricos são vagas e fáceis de manipular" (GØRTZSCHE, pag. 185); "a mina de ouro das empresas farmacêuticas" (id.ib.190); "a maneira segura de deixar-nos todos loucos é rastrear transtornos mentais" (id.ib. 193). A classificação se estendeu a 99 patologias, ironicamente não chegou a 100, mas o domínio das multi fecha assim sobre os psiquiatras: "transtorno mental não especificado em outra parte": ou seja, não deixe ninguém sair sem medicamento. Mas verdade é: "Nunca foi documentado que qualquer uma das doenças psiquiátricas seja causada por um defeito bioquímico e não há qualquer teste biológico que consiga nos dizer se alguém tem determinado transtorno mental" (id.ib. 192).

De outro lado, a epigenia é de muito valor para o entendimento da loucura e outras patologias. Por isso, a anamnese é de muita importância. Que ela desça aos ascendentes o mais profundamente possível. Pelo menos até a primeira geração de pai e mãe.

Se a ciência assim o demonstra, por que medicar o biológico se a doença psíquica é de outra ordem? A psicanalista Maria Rita Kehl faz a seguinte reflexão: "Assim a resposta à dor psíquica não é buscada pela via da palavra, mas pelo consumo abusivo dos psicofármacos que prometem adicionar a substância faltante ao psiquismo deficitário. O remédio age em lugar do sujeito que não se vê responsável por seu desejo e por suas escolhas". Segundo o juramento de Hipócrates, essa conduta não é diretamente prejudicial ao paciente?

Estima-se que 60% de homens e mulheres (crianças também) tomem um "medicamento". "Transtorno", termo diabolicamente idealizado. "O DSM não consegue sequer definir o que é um transtorno mental (id.ib. 186). E por isso fatura sem parar. Todo comportamento se torna medicável. Já a psicopatologia freudiana não vende... Supõe assumir o "transtorno", dar conta dele, alcançar a paz pela castração, criar o novo, a saída de soluções subjetivas e sociais pela "estética da renúncia" (F. Pessoa).

Os diagnósticos psiquiátricos são verdadeiros decretos ou sentenças que determinam a rendição do sujeito diante da existência pessoal. Verdadeira fragilização do sujeito humano diante das agruras da existência e de uma submissão indireta às grandes indústrias de psicotrópicos. E os psiquiatras são os intermediários entre elas e os "pacientes", quando avançam "sentenças" cominantes: "Você precisa tomar medicamento a vida toda"... "Eu medico mesmo, eu tenho a mão pesada". "Sua doença (uma simples depressão, por exemplo) é como diabetes: é tomar 'remédio' a vida toda"... (comparação capciosa: nada a ver! Ignorância clínica!). "A maioria dos psiquiatras escolhe tratamentos para a vida toda, o que é um desastre por muitas razões. Isso mantém os pacientes trancados no papel de pacientes e os medicamentos mudam sua personalidade de modo que não aprendam a lidar com os desafios da vida...". "Também parece provável que não apenas os antipsicóticos mas todos os medicamentos podem causar danos permanentes ao cérebro e mudanças permanentes de personalidade como discinesia tardia, declínio cognitivo e apatia emocional" (id.ib. 193).

Eu mesmo tive vários pacientes mentalmente alterados para sempre em razão da teimosia de psiquiatras organicistas. Pacientes definitivamente prejudicados por alteração do funcionamento do sistema nervoso: pacientes abobados, inseguros, apáticos, dependentes, sem criatividade alguma sendo que antes eram pessoas inventivas, estudiosas e amavam a vida, ficando incapacitada para responder a um tratamento de psicanálise. Se a regra de ouro da medicina é "*non nocere*" (não prejudicar), qual é o sentido de estragar a saúde mental de uma pessoa, arruinando definitivamente seu funcionamento cerebral? A loucura tem que fazer parte da vida humana. O argumento de que o delírio pode voltar só é válido para as farmacêuticas que falaciosamente mantêm domínio sobre psiquiatras ingênuos, funcionários mais baratos do mundo. Se o delírio voltar, vamos cuidar do paciente, não é assim como com qualquer recidiva em medicina: câncer, gripe...? Esse "*furor curandi*" torna o psiquiatra obsessivamente dominado pelo "conter" o paciente. Antes eram asilos, correntes, torre giratória, Narrenschiffen e, agora, para o deleite das farmacêuticas, os "psicotrópicos"... e, infelizmente, a internação que voltou a toda.

Mesmo o paciente curado por uma psicanálise bem-sucedida: "Você precisa tomar medicamento pelo resto da vida, senão a doença vai voltar"... "Você precisa tomar esse antipsicótico durante 6 meses e aí as vozes desaparecerão"... Não é delírio? "O que justifica tal prognóstico fantasioso"?

"A psiquiatria é realmente elástica e substitui o cuidado por comprimidos" (GÖTZSCHE (id.ib.187). "Verdadeira mercantilização da doença" (id.ib.) ... "É verdadeiramente surpreendente que as empresas tenham tido tanto successo com seus engodos e é chocante que os psiquiatras acreditem neles". "(...)É inacreditável o absurdo que professores de psiquiatria me disseram para manter o nível de automentira em sua especialidade" (id.ib. 203)... "Poucos psiquiatras estão dispostos a admitir que sua especialidade está fora de controle e continuarão a lhes dizer que muitos pacientes são subdiagnosticados" (id.ib. 187)...

Lacan ilustra essa rendição com uma afirmação contundente: "Cada vez que a psiquiatria avançou um pouco, aprofundou, ela logo perdeu o terreno conquistado pela própria maneira de conceptualizar o que era imediatamente sensível nas observações" (S. III pg.27). "A psiquiatria está em crise profunda. Não apenas transformou o que anteriormente eram condições agudas em crônicas, mas também medicalizou a normalidade". "A maioria dos pacientes psiquiátricos ficaria melhor se não recebesse medicamento algum" (id.ib. 192)... "Seria melhor incentivar as pessoas a se exercitarem do que ingerirem medicamentos" (id.ib. 199). "Por que uma pessoa idosa toma medicamentos tão perigosos em vez de ler um livro até adormecer naturalmente?" (id.ib. 202).

E, incrível, sem cultura sobre a história da loucura, sem senso crítico de correr o risco de ser um inocente útil na mão das farmacêuticas, sobretudo sem acolhimento algum ao delírio ou à alucinação do paciente, ou seja, sem a escuta de que a loucura é *daquele* paciente, o psiquiatra o despacha com uma lista de psicotrópicos poderosos. Se é que de imediato não o interna. "Em nossa época a experiência da loucura se cala na calma de um saber que por conhecê-la demais, a esquece" [3].

Maud Mannoni comenta: "Na história da psiquiatria não se reconheceu a loucura senão para melhor a desconhecer" [4]. Uma coisa é certa: o psiquiatra não escuta o paciente. Classifica-o imediatamente segundo um código preexistente e medica o sintoma.

O médico hodierno não considera o paciente, mas isto em psiquiatria é mais grave. O médico atual vê doença, diagnóstico, exames de imagem e de laboratório, procedimento, receita. Medicina de mercado, consumista. O que é a doença para tal paciente, o seu sofrimento não é levado em conta. O professor Dupas pondera: "O indivíduo e suas aflições desaparecem"... "A aversão ao indivíduo singular é acompanhada pelo repúdio à palavra e à linguagem"... "Separando a subjetividade – relação do paciente consigo mesmo – e a intersubjetividade – relação paciente-médico – dos cuidados da doença, o discurso médico não é mais capaz de levar em conta na sua prática e pensamento, o drama imaginário, a determinação simbólica, a finalidade ética do sofrimento na relação medicina-doença. O sofrimento fica restrito à doença; e a dor à neurofisiologia. Para essa medicina técnico-científica, o doente não é mais que porta-voz dos sinais de sua doença: os seus sintomas" (Dupas, G. p. 187). Exemplo: "Maternidade é vista como fábrica, parturiente como máquina e bebê como produto. O parto transformado em evento cirúrgico vê a mulher meramente como recipiente a ser esvaziado" (id.ib.).

"Em vez de compreender os pacientes, a psiquiatria tornou-se um exercício de lista de verificações que se poderia pedir a uma secretária ou aos próprios pacientes para preencherem" (Gøtzsche, P. C. p. 192).

A palavra do psiquiatra ao classificar o paciente é muito perigosa: ela pode cair com a força de uma sentença judicial que determinará a sorte do paciente para o resto da vida. Uma vida sombria, sem

[3] (Foucault, M. p. 11 id.ib.)

[4] Le Psychiâtre, son "fou" et la Psychanalyse – M. Mannoni – Éditions Du Seuil – 1970, p. 124.

esperança de cura. Convocação do paciente a uma demissão de seu existir. Um estigma que o nocauteia para o resto da vida. Isto revela: o próprio psiquiatra está convicto de que a medicação é sintomática. Por que emitir um juízo diagnóstico peremptório como se houvesse certeza da evolução daquele paciente? O juízo-diagnóstico do psiquiatra esquece que "no mundo dos seres humanos, só o paranoico tem 'certeza'" (LACAN).

Quando o psiquiatra é acolhedor e, em vez de poder ou entreguismo, subserviência, oferece escuta, serviço ao sofrimento do paciente, ele muito o pode ajudar: primeiro, explicando ao paciente que o medicamento não é específico, pois, não lhe explicando, ele se entregará à química como se fosse um antibiótico para eliminar bactéria, e isto o dispensa de pesquisar em seu histórico a origem de seu sofrimento, desobriga-o do esforço próprio na reconquista da saúde, fragiliza o como malsinado; segundo, administrando a menor dose possível; e, terceiro, afiançando-lhe que, na medida da melhora dele, graças à psicanálise junto a outro profissional, irá diminuindo a dose até ao restabelecimento. A doença mental continua um enigma, um mistério. Penso que o diálogo entre psiquiatra e psicanalista pode tornar a atenção ao paciente eficiente e eficaz. Nada mais feliz e satisfatório que a reconquista da saúde mental, restabelecimento da dignidade humana do sujeito.

A múltipla prescrição que intenta cercar todos os sintomas certamente é ilusão de um imaginário abarcante. O imaginário do poder medicamentoso é certamente um empecilho sério à cura: paciente quimicamente desligado, dormindo o tempo todo, babando, discinésico, sistema nervoso descompensado, tremendo de corpo inteiro, numa palavra, impregnado, certamente, nada pode fazer para se desembaraçar da doença. Uma verdadeira tortura desnecessária. Um colega, professor e psiquiatra, manifestava-se surpreso por elevar a dose de antipsicótico a 800 mg, e o paciente impregnado continuar a delirar. Outro, diante do pedido insistente da doente crônica para diminuir dose idêntica: "Comigo é assim, se você quiser outra coisa procure outro médico" - e isso mesmo diante de alterações que comprometiam o fígado. Outro psiquiatra resolve a prática "médica" da seguinte maneira: mandou confeccionar 20 carimbos com as receitas que ele mais prescreve. O paciente abre a boca, pega um deles, carimba e assina a receita. Outro psiquiatra me dizia: "85% de minhas receitas são para angústia e ansiedade". Justamente duas manifestações excelentes do inconsciente, sintomas que não falham, simplesmente abafados: angústia, pânico, ansiedade, momentos fecundos da emergência do inconsciente, "pedindo" ao sujeito para encarar a vida que está levando, tomar novo rumo, dar um passo importante na existência: convite para um crescimento interior. Psiquiatras parecem movidos à mania, senão à compulsão, de medicar comportamentos. Não resistem ao impulso e ignoram o paciente.

Enfim a verdade num ato falho: na defesa de tese em psiquiatria, o candidato propôs descrever o caminho da droga no organismo, após a ingestão. Na hora de descrever a passagem dela pelo rim: ... "e aí a droga chega aos 'túmulos do rim' ", constrangido, corrige: "túbulos" do rim. Verdade do inconsciente do doutorando escancarando sua convicção sobre psicotrópicos. O inconsciente dele jorrou a verdade diante da banca, verdade que todo psiquiatra consciente sabe - e recalca.

A química a substituir a camisa de força, a cela forte, as correntes, ou a cadeira giratória ou mesmo as Narrenschiffen (naus de loucos)... "os loucos jogados ao mar representavam uma obscura desordem, um caos movediço... que se opõe à estabilidade adulta e luminosa da mente; e o mar representava a água que 'leva deste mundo, mas faz mais: purifica.'" (Bauman Z. e Foucault). Hoje a loucura está confinada a um asilo químico. E a etiologia da doença não é pesquisada. Mas a loucura tem dono. Não é do DSM. Não dá Outro do Outro.

Por sua vez, o psiquiatra consciencioso pode oferecer uma ajuda real ao paciente: dose mínima que abranda a força do delírio, a invasão da alucinação, e que não o impeça de falar lucidamente sobre seu sofrimento; medicação que o auxilie a dormir, fator essencial para a cura. Além disso, a medicação será retirada à medida que o paciente apresente melhora. Quando isso não é feito, o paciente, inseguro, acaba viciado na droga lícita. Cronifica-se nela em vez de se curar.

É claro que, nesta proposta clínica, estou supondo que uma psicanálise bem conduzida lhe esteja permitindo circunscrever o delírio ou a alucinação. É raro, mas é bom para o psicanalista, e ainda mais para o paciente, contar com a colaboração de um psiquiatra sem preconceitos e ciente de seus limites e das limitações do arsenal medicamentoso, sobretudo desprovido da luta de prestígio e livre de ser um inocente útil das multifarmacêuticas.

Ainda a questão da subserviência às farmacêuticas

Iatrogenia deflagrada

A Folha de São Paulo, 10/08/2019 (Saúde), trouxe uma entrevista contundente com Iona Health, 69, escritora e ex-presidente do *Royal College of General Practitioners* do Reino Unido: "o medo da perda da saúde ou mesmo de doenças leves é explorado a fundo pelas multinacionais farmacêuticas. O médico é regido pelo medo de errar o diagnóstico e a prescrição. A ansiedade afeta a saúde e impede que as pessoas desfrutem e usem da saúde que têm". Sobre a medicalização da vida, afirma: "É uma tragédia. A medicalização sistemática do sofrimento comum se transformou em uma epidemia, que infla ativamente o medo. Problemas pessoais ou sociais são transformados em problemas médicos, como em caso de depressão leve... Sintomas benignos tratados como doença grave... intestino irritável... redução da densidade óssea ou elevação da pressão arterial... A forma como temos tratado situações normais como se fossem doenças, aceitando limites cada vez mais estreitos para definir diabetes, hipertensão. Tristeza agora é depressão, medo da vida é depressão... Por que temos tanto medo de ser normais?... Estamos observando um aumento absurdo na prescrição de antidepressivos, milhões em todo mundo. Também vemos mais prescrições de antipsicóticos...". Karl Max afirmou que a religião é ópio do povo... "Agora temos os medicamentos fazendo esse controle, são o novo ópio do povo".

"Quem trabalha no sistema de saúde (...) não consegue fazer com que as pessoas pensem mais sobre si mesmas, sobre como lidar com os problemas sem remédios. Não há espaço para lidar com a realidade da morte ou para as realidades solitárias de se viver com doenças ou incapacidades que mudam a vida"... "Se as pessoas tivessem ideia do risco envolvido, pensariam muito antes de tomar tantos remédios sem necessidade. É a primeira vez na história que as pessoas estão sendo medicalizadas nesse nível. Vamos ter que esperar um tempo para ver as consequências e os efeitos nefastos disso em longo prazo, não só na saúde humana, mas no meio ambiente também. As pessoas jogam remédios na privada, no lixo, isso tudo vai para os rios, para a terra... Remédios no lugar certo são fantásticos, no lugar errado são perigosos... O médico acha que está fazendo o bem para o paciente. Isto nunca vai ser resolvido enquanto as farmacêuticas ganharem tanto dinheiro e a economia depende disso..., mas os médicos sucumbem a um grau perigoso de pensamento positivista que, no fim, favorece os interesses das indústrias biotecnológicas e farmacêuticas".

Concluindo

O abandono do princípio precípuo da prática médica: "*primum non nocere*" (primeiro não prejudicar) (Hipócrates), e de outro não menos essencial, o de que "a clínica é soberana", torna o médico hodierno inseguro, multiplica exames de imagem e de laboratório e, pior de tudo, faz dele um títere das multinacionais de medicamento: receitam por estatística ou pelo último propagandista da farmacêutica.

Segundo: em 1929, Freud escreve um livro pleno de sabedoria: *Mal-Estar na Civilização*. Resume os recursos que o ser humano procura para fugir ou assumir a dura "responsabilidade de existir" (F. Pessoa). Um deles, é a procura dos estupefacientes: o ópio, por exemplo. Só quinze anos depois apareceria a primeira descoberta de psicotrópico. Ele nomeia esse recurso de intoxicação química corporal. "A ação dos estupefacientes é, a esse ponto, apreciada e reconhecida como tal benefício na luta para assegurar a felicidade e afastar a miséria que indivíduos e povos inteiros reservaram um lugar permanente na economia da libido deles. Deve-se-lhe não somente um gozo imediato, mas também um grau de independência ardentemente desejado a respeito do mundo exterior. Sabe-se bem que, com a ajuda do *Sorgenbrecher*, 'quebrador do desassossego', pode-se a cada instante se subtrair ao fardo da realidade e se refugiar num mundo a si, que reserva melhores condições à sensibilidade. Contudo, sabemos também que essa propriedade dos estupefacientes constitui precisamente o perigo e a nocividade deles. Em certas circunstâncias, eles são responsáveis pelo desperdício de grandes somas de energia que poderiam ser empregadas na melhoria da sorte dos humanos" (Malaise p. 23). O uso de maconha, LSD, crack... continua em aberto. O fisicalismo de receitas sem limite de drogas lícitas, no entanto, não está conduzindo a humanidade para o idêntico "perigo e nocividade"? Esse "desperdício" de energia não é jogá-la no lixo em vez de a empregar no enfrentamento das agruras da vida e na criatividade da arte, da ciência, na promoção do ser humano?

Os psicotrópicos receitados para os "transtornos" do existir não são meros "*Sorgenbrecher*"? Por que, em vez disso, não fortalecer o sujeito no enfrentamento do existir? A palavra do médico pode ter o condão de suscitar vidas independentes, livres e libertadoras.

Freud desmistifica nessa obra qualquer ilusão que leve a fugir da realidade difícil do existir. Quanto mais se foge da realidade, maior é o sofrimento. Freud assinala que não há outra saída para o bem-estar do ser humano senão no dominar e encaminhar a pulsão. Em termos psicanalíticos, "o normal e o anormal" resultam da castração. Freud enumera vários encaminhamentos que realizam o ser humano: o amor, a arte, o trabalho, a religião, a ciência, a beleza...

Resumindo: a pulsão humana se destina à sublimação. Ela produz felicidade quando se transforma em obras de cultura. Enfim, a triste saída com que lidamos diariamente. "A derradeira técnica vital que se oferece, prometendo ao menos satisfações substitutivas, é a fuga na doença nervosa, fuga que o ser cumpre o mais do tempo, já em sua idade jovem. Se numa idade mais avançada o homem vê seus esforços para a felicidade frustrados, encontrará ainda uma consolação nos gozos que lhe facultará a intoxicação crônica; ou, então, fará ele uma tentativa de revolta desesperada, que é a psicose" (id.ib. 31).

Destino funesto! Como podem a psiquiatria e a psicanálise evitarem tal tragédia?

Nota: *A qualidade da residência em psiquiatria é de extrema importância para a saúde mental da população. A formação do psiquiatra deveria antes de tudo cuidar da firmeza de caráter, e de ética do candidato. Isto, fundamental. Além disso, seria muito importante introduzir o aluno na história da psiquiatria. De início: que mudou no tratamento do louco se a camisa de força foi substituída pela "camisa" química?*

Depois Michel Foucault: "Histoire de La Folie". No Brasil: Juqueri, Juliano Moreira, Barbacena... "Holocausto Brasileiro" de Daniela Arbex (horror do horror!). O movimento da antipsiquiatria, contra a psiquiatria coercitiva, logo abafado pelas farmacêuticas: Lang, Cooper, "A antipsiquiatria", Kingsley Hall, Mary Barnes, T.S Zasz, com o "O Mito da Doença Mental" e "A Fabricação da Loucura: Estudo Comparativo da Inquisição e do Movimento da Saúde Mental". E, especialmente, conhecer a importância da psicanálise na abordagem da loucura: Freud e o mestre incontestável, Jacques Lacan: "Do Tratamento

Possível da Psicose" (Escritos I 531-583) e "As Psicoses" (Seminário livro III): clínica psicanalítica fundamentada e demonstrada no tratamento das psicoses fora da prática organicista. Introduzir o aluno na literatura que versa sobre a loucura: Machado de Assis, com "O Alienista" (quantos psiquiatras, ao fim e ao cabo, acabam replicando do Dr. Bacamarte?); Antonin Artaut e a dolorosa e revelante "Perda de si". É de se ver o desespero de um louco não ser escutado.

Desenvolver o senso crítico do residente e despertá-lo da ingenuidade de servir às multi de medicamento como inocente útil; desiludir-se que medicar sintomas é tratar doenças. Os residentes devem ser provocados a pensar sobre o seguinte dilema epistemológico: se o objeto da medicina é o orgânico, ou seja, o bioanatomofisiopatológico, se ela pretende ser medicina, qual é o objeto da psiquiatria?

Enfim, em que consiste a psicopatologia?

O objeto epistêmico da medicina é o corpo humano, seus órgãos e respectivas funções. Anatomia e fisiologia. E a patologia quando um distúrbio invade o são funcionamento.

Ao examinar o paciente serve-se de dois aparelhos sondantes dos sinais vitais: o estetoscópio (descoberto em 1816 pelo médico francês René Laennec) e o esfigmomanômetro (inventado por Samuel K. R. Von Basch em 1881). Um capta ruídos, sons dos órgãos e o outro, o ritmo da circulação.

Ambos possibilitam preciosas informações clínicas ao médico.

Ora outra é a abordagem do psiquiatra. A própria denominação de sua especialidade revela seu campo de ação: psyqué + iatros = médico da psiqué. Não do corpo. A psiqué é fala, é representação simbólica, é por essência o simbólico (Lacan), a começar pela identidade pessoal e pela sexual. Lá os sinais vitais, a pressão ou suas alterações conduzem o médico para as primeiras impressões diagnósticas. Cá, outros são os sinais e os sintomas da psiqué atormentada: a ansiedade, essencialmente a angústia. A angústia "é aquilo que não falha" (Lacan), é "aquilo que está por trás de todo e qualquer sintoma" (Freud). A angústia clamando ao sujeito para novas saídas, novos investimentos, novos caminhos. A angústia apelando a um neo-nascimento. Ao contrário, de abafá-la, encaminhá-la, aviá-la.

Então o psiquiatra é médico de outra ordem, é médico do ser humano. O psiquiatra não asculta corpo, escuta os sofrimentos da alma, os tormentos do espírito, os desajustes da existência ou da conversão deles em corpo são, o que é objeto da epistemessomática, sem ou com lesão de órgão.

O médico psiquiatra não é um agente de laboratório que só classifica transtornos e os medica sem levar em conta o sujeito cujo nome escreve na receita. O médico psiquiatra é um especialista em ser humano, em acolher suas dores morais, em o escutar em seus desatinos, em ajudá-lo nos impasses da existência, nos conflitos pessoais, na escolha profissional, e nas dificuldades da convivência humana: na família, no pacto matrimonial, no amor, no trabalho, na sociedade...

E é por isso que o médico psiquiatra tem que ser um profissional culto, erudito. É suposto que entenda do humano ser e de seus conflitos na existência. É suposto que sua cultura verse sobre as grandes obras literárias que descrevem a existência humana e seus conflitos de toda ordem: nossa rica literatura (Machado: Dom Casmurro, e o pós-moderno Memórias Póstumas de Braz Cubas, Drummond, Lispector, F. Pessoa e o Livro do Desassossego...), a literatura russa (Os gigantes das paixões da alma: L. Tolstói e F. Dostoiévski...), a italiana (Dante Alighieri...), a francesa (Discurso da Servidão Voluntária, E. de La Boéthie), a inglesa (Shakespeare...).. Se o instrumento clínico do psiquiatra é por excelência a fala, importa e muito que conheça a linguística, essa ciência da língua, da linguagem e da fala. O signo, o arbítrio do signo, o domínio do significante subjetivante, "essa unidade de ser única" (Lacan).

O psiquiatra precisa ter o censo e a fineza da poesia, do novo para poder captar a personalização do sofrimento de seu paciente. Jamais julgar ou aconselhar soluções, e, sim, oferecer a garantia de uma escuta integral. Jamais abrir mão da relação terciária. Ajudar a pensar a partir do real. Além da literatura, é indispensável que o psiquiatra conheça o pensamento filosófico: Descartes, Nietzsche, Hegel, Marx, Heidegger, S. Bauman... Além disso, é fundamental conhecer o avanço que a psicanálise proporcionou sobre o conhecimento do inconsciente e da estrutura egóica.

A palavra do médico tem sempre peso. Maior, porém, a do psiquiatra. Guardar seu saber para si e acolher integralmente o saber sobre si do paciente. Guardar para si o diagnóstico. Não o nomear. Só gera angústia e dispensa o paciente do esforço de superação e da busca inútil na internet. Simplesmente acolher a dor daquele paciente como não sendo igual a nenhuma outra dor.

A palavra do psiquiatra, insisto, tem um peso maior. Não pode ser uma sentença tem que ser um ânimo, uma esperança. Naturalizar que não se pode viver sem conflitos, contrariedades, fracassos, frustrações... É imperativo "que a falta-para-ser" (Lacan) é da essência da existência humana.

O psiquiatra precisa acompanhar as mudanças senão as mutações de seu tempo. Um especialista em ir ao encontro do sofrimento de sua época. Exemplo: as mutações produzidas na subjetividade humana pela internet, a séria questão da pós-verdade, as patologias, oriundas da quebra dos pactos ou dos relacionamentos "líquidos", as novas formas de família...

A palavra do psiquiatra pode ser um arrimo, uma sustentação na resolução dos conflitos existenciais do paciente desde que não aponte soluções de sua cabeça mas o leve à independência de descobrir ele mesmo os caminhos da existência.

A palavra do psiquiatra quando serena, oriunda da escuta do paciente pode produzir a calma de espírito necessária para ele encontrar soluções. Isto tudo supondo que não induza o paciente a acreditar que é o psicotrópico que produz a cura.

Enfim, nesse mundo em grandes transformações, pandemia, migrações, falta de emprego, extinção de profissões, robótica avassaladora, imensa desigualdade social a escuta serena e acolhedora de um psiquiatra pode propiciar a abertura de um horizonte novamente promissor. O psiquiatra fisicalista contradiz àquilo a que veio. Ao se misturarem as epistemes não se descobre a verdade do sofrimento do paciente, e quem paga a impostura é ele. "O médico que apenas sabe medicina nem medicina sabe" (A. Salazar, médico, artista plástico e crítico de arte).

Cronificação

Em questão de "doença" psíquica, há algo pavoroso: a cronificação. Cronificado, o paciente ficará sem remissão possível. Não tem mais volta. Ele se entregará ao destino fatal de ser um consumidor compulsivo de psicotrópicos, desesperado da cura, ansioso para manter o "vício" do "remédio" prescrito que rebata o sintoma. A medicação lhe "garante" a "convivência" com o delírio ou com a alucinação, mas a um preço irresgatável: não ser mais sujeito até que a morte tolha o sofrimento, por vezes, atroz. Uma destinação pavorosa!

O psiquiatra consciencioso, eticamente prudente, precaver-se-á de ser a causa de cronificação. Além disso, a luta de prestígio, essa tola e fútil luta de egos, muitas vezes, infla o psiquiatra e crê-se superior e última palavra diante de uma equipe multidisciplinar. Não são muitos os que conhecem o limite de suas ações e se abrem para ouvir a opinião de um colega. Durante nove anos, exerci o cargo de professor assistente no departamento de psiquiatria da Faculdade de Medicina na Unicamp. Tentei de todas as maneiras propor pontos de vista diversos da história da loucura; no estudo de casos, sempre intervinha além do rótulo-diagnóstico, retomando o histórico do paciente e os significantes que amarravam sua doença. Hoje, reconheço que fracassei até com os residentes que me davam esperança de oferecer outra acolhida aos pacientes.

Durante meu trabalho de psicanalista, recorri à ajuda de psiquiatras no tratamento sobretudo das psicoses, nem sempre encontrei colaboração. Em geral, os psiquiatras não querem que as crises ou os surtos voltem. E eu preciso, e o paciente mais ainda, que as crises voltem para melhor entender a loucura daquele paciente, e melhor realizar o trabalho da psicanálise. Não entendo por que os psiquiatras e os psicólogos têm tanto medo da loucura..., delírios..., alucinações... Em vez de acolhê-la, procuram abafá-la! Mesmo nos casos de cronificação, a psicanálise pode propiciar uma ajuda humanamente preciosa: que o paciente possa viver com sua família e que, "conversando" com seus delírios ou convivendo com suas alucinações, consiga desfrutar do respeito familiar, participar das refeições, cuidar da higiene pessoal e, às vezes, até poder compartilhar uma comemoração de aniversário ou outra, um espetáculo, noticiário, senão um filme na TV. No caso do paranoico, esta última chance fica reduzida. Essa convivência, embora uma solução não apenas elegante mas também familiar, só é possível se a loucura for assimilada pela família como inerente à existência humana. Solução benfazeja ante à desumanidade e à violência dos hospitais ou asilos psiquiátricos, onde o paciente vive em manada sem os referenciais de sua origem e ambiente familiar, apenas às voltas com seus fantasmas delirantes e com o entorpecimento medicamentoso. Verdadeiros autômatos tocados a psicotrópicos.

A palavra "psicotrópico" é um equívoco: não há possibilidade de medicar o espírito, a alma. Trata-se de um imenso sofrimento psíquico, moral. Ele intervém, na química da comunicação das células nervosas (serotonina, dopamina e noradrenalina), portanto, é somatotrópico e, em função disso, o cérebro do sujeito sempre se desarranja. Sob a bateria de "medicamentos" drásticos, o desequilíbrio das comunicações da serotonina e da dopamina é inevitável, senão definitivo.

Se psicotrópicos curassem, com certeza não haveria crônicos nem os hospitais psiquiátricos ou asilos estariam cheios. Um psiquiatra que questione sua prática rotineira, no mínimo, deve viver angustiado ou simplesmente interrogando em sua consciência: que faço eu? Um trabalho de Sísifo? Isso não é deveras frustrante? Uma psiquiatra me dizia: "A psiquiatria, sobretudo com internados, é de muita brutalidade. A gente se acostuma, mas é um massacre".

Freud e a loucura

Todos sabemos que Freud descobriu a psicanálise, melhor falar, o inconsciente, graças às histéricas. Ou seja, a prática da psicanálise se destinou, desde o início, a ouvir pessoas que podiam falar de seus sofrimentos e possivelmente destrinchá-los ao retomar a história de suas vidas, sobretudo aquela multiregistrada no inconsciente.

Mas, por algumas vezes, Freud foi explícito ao propor que a psicanálise poderia sim acolher e escutar os psicóticos. Na obra coletiva *A Clínica da Psicose* (Papirus)[5], eu cito esse posicionamento de Freud em vários momentos de sua vida. Retomo aqui o depoimento que nos deixou às vésperas de sua morte em "Construções em Análise": "Os delírios dos pacientes parecem-me ser **equivalentes** às construções que erguemos no decurso de um tratamento psicanalítico – tentativas de explicação e de cura embora seja verdade que estas, sob as condições de uma psicose, não podem fazer mais que substituir o **fragmento da realidade** que está sendo rejeitado no presente por outro **fragmento** que já foi **rejeitado no passado** remoto. Será tarefa de investigação individual revelar as conexões íntimas existentes entre o material da rejeição atual e o da repressão original. Tal como nossa construção só é eficaz porque recupera um fragmento da experiência perdida, assim também o delírio

[5] O leitor poderá consultar essa obra, onde encontrará explicitações do pensamento de Lacan sobre a loucura e sua causa. Recomendo de modo especial o capítulo "A Metáfora Paterna", escrito pelo colega Aurélio de Andrade Souza Filho, em que, de modo claro, expõe os diversos passos dados por Lacan para chegar ao conceito da foraclusão.

deve seu poder convincente ao elemento de verdade histórica que ele insere no lugar da "*realidade rejeitada*".

No fim de sua vida, depois de tanto ter escrito sobre sua descoberta e sua clínica das neuroses, Freud declara com segurança clínica:

1. As construções delirantes são equivalentes às construções sintomáticas (histeria, fobia, obsessão...).
2. Os delírios são exposição do sofrimento do paciente. São uma tentativa de cura! Ao comentar o caso do Presidente Schreber: ... "o paranoico reconstrói o universo, na verdade não mais esplêndido, mas ao menos tal em que possa viver novamente. Ele o reconstrói mediante seu trabalho delirante. Aquilo que tomamos por uma produção mórbida, a formação do delírio, é na realidade uma tentativa de cura, uma reconstrução" (pg. 315)[6]. Maud Mannoni dirá: delírio, alucinação: "uma saída de saúde"!
3. Os delírios têm uma íntima conexão entre o fragmento presente de realidade e o fragmento remoto que foi rejeitado.
4. Os delírios portam na realidade presente "um elemento de verdade histórico".

E Freud continua e nos assusta: "no mecanismo de delírio, via de regra, acentuamos apenas dois fatores: de um lado, o afastamento do mundo real e suas forças motivadoras e, do outro, a influência exercida pela realização do desejo sobre o conteúdo do delírio". Freud descreve o sonho como um delírio onde nós estamos em estado esquizofrênico, uma vez que produzimos o sonho, mas contemplamos a cena, a figuração, como estranha a nós, e não percebemos que somos atores do sonho. Ora, a essência do sonho consiste na realização de desejo. Então é lógico, embora nos espante, que o delírio também é a realização de desejo.

E Freud a concluir: "Provavelmente valeria a pena fazer uma tentativa de estudar os casos em apreço com base nas hipóteses aqui apresentadas e **efetuar o seu tratamento segundo essas mesmas linhas**" ("Construção em Análise"). E afirma: "Abandonar-se-ia o

[6] Cinq Psychanalyses, FREUD, Sigmund. Presses Universitaires de France.

vão esforço de convencer o paciente do erro de seu delírio e de sua construção da realidade, e, pelo contrário, o reconhecimento de seu núcleo de verdade permitiria um campo comum sobre o qual o trabalho terapêutico poder-se-ia desenvolver" (id.ib.). "A terapeuta disse que as vozes são fantasia minha, minha imaginação. Mas ela está errada. Elas são reais", dizia a paciente paranoica que me procurou. Embora Freud não tenha posto em prática o que aqui propõe (aliás, nem tinha mais tempo), verdade é que não titubeia em nada ao acender esse candeeiro. Ele está seguro, convicto. E, de fato, é exatamente isso que seus pósteros, sobretudo Jacques Lacan e colegas, vieram comprovar.

Apenas mais dois outros lampejos geniais. No Texto do "Homem dos Lobos", Freud faz uma afirmação *en passant* (como os gênios costumam fazer) em que nos dá uma abertura elucidante: "*Eine Verdrängung ist etwas anderes als eine Verwerfung*": "um recalque é algo outro que uma foraclusão". E ele só afirma; não explica; joga à nossa reflexão, sequer nos invoca. Apenas diz o que para ele é claro: dois mecanismos psíquicos absolutamente distintos: um é o recalque (algo que teve uma "Bejahung", uma afirmação, uma "introdução no sujeito" (*Einbeziehung ins Ich*) e que ele expulsou (*Ausstosung aus dem Ich*) e o outro, a *Verwerfung,* algo que não entrou no sujeito, não teve uma "Bejahung", e que deixou um buraco, uma falha. Algo que simplesmente não teve existência para o sujeito. Por isso, por mim introduzido em português: "foraclusão" (Do latim: *foras-cludere* = fechar fora).

Outro texto genial de Freud está em sua análise sobre o caso Schreber. Primeiro ele afirma: "o mecanismo da formação dos sintomas na paranoia exige que os sentimentos, a percepção interior, sejam substituídos por uma percepção vinda do exterior" (Id.ib. pg. 308). E, páginas à frente, acrescenta: "Não era justo dizer que o sentimento reprimido dentro fosse projetado fora; dever-se-ia antes dizer, nós o vemos só agora, que o que foi abolido dentro retorna de fora" (Id.ib. p. 315).

Lacan deduzirá dessa afirmação seu princípio fundamental para a clínica da psicose. Primeiro nos diz que seria impróprio usar o conceito de projeção no caso da paranoia, uma vez que projeção supõe o retorno do recalcado. "A projeção na psicose não é absolutamente isso, é um mecanismo que faz retornar de fora o que está preso à *Verwerfung*, ou seja, o que foi colocado fora da simbolização geral estruturando o sujeito" (S.III pg. 58).

E nisto se baseia sua clínica da psicose: "O que foi rejeitado no simbólico aparece no real". O delírio, a alucinação são testemunhos daquilo que radicalmente não pôde ser simbolizado. Está aí a chave da escuta do psicótico.

Jacques Lacan, diferentemente de Freud, estabelece sua clínica a partir da psicose. Primeiro sua tese de doutorado em psiquiatria "*O Caso Aimée*" e, como psicanalista, dois textos explícitos e fundamentais: *"D'un Traitement Possible de la Pychose"*, 1958 (*Ecrits – Seuil – Paris - France*) e o Seminário III, dedicado inteiramente a "*Les Psychoses*" – 1955-56.

Perante sua exposição densa sobre a clínica da psicose, tentemos um caminho que leve em conta suas balizas.

Primeiro, partamos de seu ponto de vista fundamental: "o homem é um mistério": trata-se de nos colocarmos à espera e à escuta desse mistério. Por que tal acontecimento traumático não enlouqueceu o sujeito? Por que, de três filhos, só um ficou louco? Diante de cada sujeito, uma única certeza: o saber que o suporta é único. Porém, ele o ignora. O analista, muito mais. E, a chave... quanto mais eu ignorar meu saber, mais provável que serei partícipe do mistério que tenho diante de mim..."; "*il faut être assez patient pour ne pas désirer*", "é preciso ser bastante paciente para não desejar" (Mannoni M.). Não desejar para que o paciente que deseja pelo desejo do Outro não caia no engodo ou na impostura de mais um desejo, o do analista.

Lacan centra toda sua teoria clínica numa releitura de Freud. Dois eixos sustentam a clínica psicanalítica: édipo e castração. Toda tragédia, drama ou comédia humanas se baseiam no fato que nascemos de um pai e de uma mãe. Lacan dá um passo decisivo sobre Freud, ao estabelecer conceitos que presidem essa relação, muito além da paternidade e maternidade concretas. Parte de Freud e de Heidegger. Freud em suas obras "canônicas" (Lacan), fundamentais, nos revela que o inconsciente é linguagem: sonhos, atos falhos, chistes... são fala. Heidegger a pontificar, e Lacan a repeti-lo: "Se o homem fala é porque a linguagem o fez homem" (E.I. p. 26). Lacan deduz consequentemente que a linguagem é o dado radical: "o que precede é a linguagem. O ser humano é posterior". "É assim que se o homem vem a pensar a ordem simbólica é que primeiro ele é nela preso em seu ser" (E.I. p.53).

E isto, em todas as etnias ou povos, em todos os tempos, é a grande lei universal. A linguagem é um marco decisivo na passagem da natureza à ordem da aliança, à ordem simbólica. A ponto, com exceção da fisiologia, de nada ser natural no ser humano. E mesmo a fisiologia, em boa parte, é condicionada à linguagem. A epistemossomática o comprova. Mas a linguagem de que falamos não é a língua ou a semântica. A língua é uma instituição, é a riqueza maior de um povo ou etnia. Esse tesouro se constitui em códigos precisos à disposição de todo indivíduo. O elemento estrutural básico de uma língua é a palavra, ou, melhor o signo. O signo é arbitrário e porta uma dupla estrutura fechada, composta de significado e significante. O signo sempre e invariavelmente remete à coisa. O signo é de natureza simbólica. Ao remeter à coisa, dispensa a coisa, ou, melhor, ele é "a morte da coisa". Os signos constituem o tesouro da língua: eles se encontram na fala, na escrita literária ou outra, eles são consignados em gramática, dicionários, na internet... Os signos remetem ao universal da língua e estão à disposição de todo cidadão

Lacan e o significante: limpeza epistemológica

Lacan em sua releitura de Freud deu um passo genial. Constatou que, ao ser realização de um desejo, o sonho, o ato falho, o chiste, a denegação... revelam um desejo *exclusivo* do sujeito. Ou seja, esses atos estruturais das manifestações do inconsciente portam uma marca única, remetem somente ao sujeito.

Nisto, ele teve um lampejo admirável e de enorme valor para a clínica psicanalítica: as manifestações do inconsciente particularizam o signo de tal maneira que ele deixa de pertencer ao universal da língua e passa a designar exclusivamente o sujeito dessas manifestações. Inteligentemente, Lacan conclui: é preciso inverter o signo e eliminar sua convenção simbólica, assim como sua elipse e circularidade. Na língua ou na linguagem, por exemplo, o significante mesa remete diretamente ao significado mesa, e ao referente, porém, nas manifestações do inconsciente, o significante mesa terá um significado particularizado para o sujeito. Toda vez que, em nossas conversas, entra o signo mesa, todos entendemos em nosso imaginário que se trata da mesa-coisa, ou o referente. O signo imprime no imaginário e na mente uma "imagem acústica" daquilo que ele representa na língua. Nossos imaginários se somam e, sem duvidarmos, acreditamos que todos entendem mesa do mesmo jeito. O psicanalista, porém, ao ouvir de um paciente "mesa", eliminará radicalmente de seu imaginário "mesa" e pedirá que o analisando associe o que mesa é para ele. E Lacan a concluir: se o signo remete à coisa, o significante remete a outro significante da história do sujeito, ou seja, "o significante é aquilo que representa o sujeito para outro significante". Todas as terapias e mesmo a psiquiatria trabalham com o signo, com o imaginário que o suporta. A psicanálise como tem por objeto as manifestações do inconsciente só trabalha com o significante, que Freud chamou de "enigma".

E Lacan dá um passo mais decisivo: a decantada resistência que certas correntes analíticas, não sem apoio em Freud, atribuem ao paciente, Lacan, dentro da mais pura lógica das manifestações do inconsciente ("enigmas"), a coloca por conta da barra que separa o significante manifesto do significado oculto. Daí sua fórmula $\frac{S}{s}$.

O psicanalista J. Audinet, em *L'homme Manipulé*[7] (pg. 113), assim ilustra a transformação do signo saussuriano, operada por Lacan:

Onde: a elipse é a unidade estrutural; o paralelismo é a união da estrutura e as flechas indicam a indissolubilidade do signo.

1° O esquema de Saussure é virado: $\frac{\text{Significante}}{\text{Significado}}$

2° Paralelismo é rompido: $\frac{S}{S} \rightarrow \frac{S}{s}$

$\frac{S}{s}$ = barra $\frac{\text{Significante}}{\text{Significado}}$

3° A dupla flecha (= imutabilidade ou indissolubilidade do signo) desaparece. Cada mudança no significante acarreta mudança no significado.

4° Elipse: ao suprimir as flechas, simultaneamente se suprime a elipse que fecha o signo. Nesta operação, Lacan questiona a representação da realidade pelo signo.

Consequências:

1° O referente desaparece, já que era ele que determinava a posição do significado.

[7] AUDINET, J. 1974 – Cerdic – Publications - Paris.

2° O significado, uma vez cortado do referente, põe-se a flutuar. O conceito acaba indecidível. "A noção de um deslizamento incessante do significado sob o significante se impõe". "Donde pode-se dizer que é na cadeia do significante que o sentido *insiste*, mas que nenhum dos elementos da cadeia consiste na significação de que é capaz no momento mesmo" (E.I. p. 502). "Primeiro é preciso que a coordenação significante seja possível para que as transferências de significado possam se reproduzir. A articulação formal do significante é dominante em relação à transferência de significado" (S.III p. 261).

3° Nesta transformação do signo, a barra se faz espessa, torna-se uma barreira que resiste à significação. Esse espessamento da barra é correlativo à eliminação da elipse. Enfim, consequentemente, ocorre a autonomização do significante.

Ao assim proceder, Lacan se afasta da linguística, pois a psicanálise lida com uma linguagem que trata do sujeito e do desejo. Disso, várias consequências: "a realidade não se impõe naturalmente à sua representação"; "a linguagem é sempre falada, supõe sujeito e desejo"; "há uma materialização da linguagem numa estrutura diferencial"; "há uma relação circular entre linguagem e sujeito: o significante representa o sujeito e este é efeito do significante, ele não aparece como tal senão a partir da introdução do significante".

Daí o passo clínico genial: $\frac{S}{s}$. Este é o algoritmo da busca da aletheia na escuta das manifestações do inconsciente, pois a significação só se sustenta recorrendo unicamente ao significante.

Exemplo lúcido: o caso "aliquis", que prefiro escrever "a-liquis", pois que "objeto a" de seu desejo: tanto da "liquidificação" quanto da angústia de se livrar pelo "*alpha privans*"... A fúria de Dido nada tinha a ver com a angústia do amigo de Freud. O ato falho do esquecimento pôde exprimir a angústia enorme de que a companheira sexual pudesse estar grávida. O significante "a-liquis" determina o sujeito e o significado único de seu desejo. Entre parêntese, a-liquis e Signorelli são dois exemplos primorosos de uma sessão de análise... "lacaniana".

No seminário sobre a psicose e em seus *Escritos,* Lacan nos ilustra sobre a função significante:

- "O significante está lá como pura cadeia do discurso, sucessão de palavras em que nada é isolável" (S. III p. 296).

- "Só o significante garante a coerência teórica do conjunto como conjunto" (E.I. p. 414).

- "O significante não faz senão dar o invólucro, o recipiente da significação, ele a polariza, a estrutura, a instala na existência. Sem o conhecimento exato da ordem própria do significante e de suas propriedades, é impossível compreender o que quer que seja, eu não digo da psicologia – é suficiente a limitar de certa maneira – mas certamente da experiência analítica" (S. III p. 295-6).

- "Os conteúdos do inconsciente em sua decepcionante ambiguidade não nos entregam nenhuma realidade mais consistente que o imediato; é da verdade que eles tomam sua virtude, na dimensão do ser: '*Kern unseres Wesen*', 'âmago de nosso ser'".

- "O mecanismo de duplo gatilho da metáfora é aquele mesmo em que se determina o sintoma no sentido analítico. Entre o significante enigmático do trauma sexual e o termo que o substitui na cadeia significante atual, passa uma centelha que se fixa no sintoma – metáfora onde a carne ou a função são presas como elemento significante – a significação inacessível ao sujeito consciente onde ele pode ser resolvido" (E.I. 518).

- A propósito da psicose: ... "as significações elementares que chamamos de desejo ou de sentimento ou afetividade, essas flutuações, essas sombras ou essas ressonâncias, têm uma certa dinâmica que não se explica senão no plano do significante enquanto ele é estruturante" (S. III p.295).

- E Lacan a testemunhar sua experiência clínica: "É que a tocar por pouco que seja na relação do homem com o significante, aqui conversão dos procedimentos da exegese, muda-se o curso de sua história modificando as amarras de seu ser" (E.I p. 527).

Essa releitura precisa da descoberta freudiana nos legou avanços fundamentais para epistemologia psicanalítica:

1. Lacan chega à conclusão de que graças ao estatuto do significante, a psicanálise pode reivindicar o *status* de ciência, ciência do sujeito. *Y a de l'Un, haí Um.*
2. O significante é a "*signatura rerum*" (Lacan): "assinatura das coisas" (timbre), "eletrochoque"; Heráclito: o fogo = substanciação do Logos e do Uno; Fernando Pessoa falava de "micróbio da significação", "estalido da diferença", "Palavra quando acesa não queima em vão".

3. Lispector: "água viva", relou picou; Heidegger: "o apropriado"; Barthes: "O rumor da língua".
4. "*Le signifiant crée ex nihilo*" (O significante criado do nada). Trata-se realmente de uma criação nova, original, única: o significante cria o sujeito.
5. O estatuto do significante guia a escuta analítica exclusivamente no âmbito da história edípica do sujeito, sendo que o Estádio do Espelho ("Texto princeps", segundo Serge Leclaire) é o alicerce da dialética infinda: Édipo x castração – sublimação. Na falha: pulsão solta, patologias, perversão.
6. O significante é um algoritmo que conduz psicanalista e analisando à descoberta da aletheia do sujeito. O significante é a certeza antecipada.
7. O trabalho da psicanálise consiste em levar em conta a "estrutura significante do sintoma". "Decifrada, ela é patente e mostra impressa na carne, a onipresença da função simbólica para o ser humano" (E.I. p. 415). Velado no significante do sintoma, ao desvelar-se na ultrapassagem da barra, no significado, revela-se o sujeito.
8. A escuta do significante que remete a outro significante do sujeito resguarda o psicanalista do abuso e da impostura. O psicanalista simplesmente se recolhe diante do desfile do significante, cala voz e sobretudo imaginário.
9. A história do paciente está integralmente registrada nos significantes que estruturaram sua existência. Retomá-los "à letra" é abrir caminho para reconstrução de sua vida e de libertação dos óbices (sintomas) que o impedem de usufruir da liberdade e da responsabilidade de seu desejo. O histórico ("Historisch") do sujeito humano está integralmente registrado pelo processo primário nos objetos parciais ("reais" E.I. p. 551) de seu inconsciente, cujo retorno é contingenciado pelas suas manifestações. Este é o único lugar em que Lacan fala de "reais", melhor, *escreve* "**réels**", testemunho de seu inconsciente clínico: "Este jogo de significantes não é efetivamente inerte, já que é animado em cada parte particular por toda a história da ascendência dos outros **reais** que a denominação dos Outros significantes

implica na contemporaneidade do sujeito". "O real é o que se encontra sempre no mesmo lugar" (S.VII, pag. 85). Precioso para nós e para as gerações futuras de psicanalistas.

10. Esse retorno é provocado por um significante de véspera, que movimenta a gravação de um significante da cadeia, e este aparece na "figuração" imaginária ("fantasma"), explicitando desejo. O trabalho do sonho é por excelência transposição ("transferência", Freud), (metonímia e metáfora, Lacan) de um "núcleo patógeno", "trauma". É o "deslocamento" que efetua a "condensação" do desejo. A repetição se encarrega desse encontro inencontrável: "real de um encontro essencial... de um encontro marcado, ao qual somos sempre chamados, com um real que sempre escapa. É a τυχή, "encontro primeiro, o real, que podemos afirmar por trás do fantasma" (S.II p. 56).
11. "Eu somente quero indicar o fato que do mais simples ao mais complexo dos sintomas, a função do significante se averigua prevalente por aí produzir efeito já ao nível do trocadilho" (E.I. p. 447). "O sintoma é tradução em palavra de seu valor de verdade".
12. "A presença do significante no Outro é efetivamente uma presença fechada ao sujeito" (E.I. 577).
13. A função do analista é de introduzir a função simbolizante: "ela não vai a nada menos que a transformar o sujeito a quem ela se dirige pelo laço que estabelece com aquele que a emite, ou seja, de introduzir um efeito de significante" (E.I. p. 296).
14. Parece tautologia Lacan afirmar que "o significante é unidade de ser única" (E.I. p. 24). Mas fato é que o significante é a única unidade que significa exclusivamente sujeito. Literalmente, não existe Outro do Outro. Qualquer outra unidade é o espaço entre zero e um. Existe outro do outro.
15. Concluindo: o significante é um saber que só o sujeito da enunciação ou só o inconsciente sabe, com absoluta exclusão do outro. Unicamente $◊a, o sujeito barrado e seu objeto, graças ao Outro. Sacada genial de Lacan: heurística das aporias das manifestações do inconsciente, aletheia antecipada. Significante, operador frutescente da aletheia. Lacan fala da paixão do

significante: no sentido do objetivo, em revelar o sujeito, e, em sentido subjetivo, como paixão do psicanalista. O significante é a revelação de que "o inconsciente não funciona segundo a lógica do pensamento consciente" (LACAN, *Meu Ensino*, p. 41).

Parafraseando Paulo Freire, podemos dizer com certeza que o significante é "palavra geradora"... do sujeito. Lá o analfabeto possui a representação simbólica, mas não sabe transportá-la para o real da escrita. A alfabetização o faz escritor e leitor. Aqui, a "escrita" antecede. É um "texto sagrado", um "palimpsesto", um "registro real": sonhos, atos falhos, lapso do discurso, desordem da rememoração, restauração da ordem do discurso ou das lacunas, a denegação... Feita a "tradução", operada a "decifração", o simbólico gera o sujeito. Lá o sujeito inventa, cria sua escrita. Aqui o sujeito descobre, encontra e ele acontece. Único jeito de o analista ter certeza de não "interpretar" segundo seu imaginário, e poder escapar da impostura... E isso, somente se: "o saber do analista como correlato da ignorância".

Os três registros

Na linha da importância clínica fundamental do significante, consideremos outro passo resolutivo de Lacan na concepção de seu "aparelho psíquico".

Freud nos propôs várias concepções desse "aparelho". Já no *Esboço de uma Psicologia Científica* – 1895, ele elabora vários esquemas (topologias) para nos explicitar como as "camadas" e os "anéis", as "pegadas mnêmicas" que constituem o inconsciente se comunicam. Três modelos do aparelho psíquico se impuseram de maneira mais nítida: o do último capítulo da *Interpretação dos Sonhos*, o da carta 52 e aquele do Ego e o Id (1923). Mas "não vamos tomar o andaime pelo próprio edifício" (Freud S.).

Lacan não deixou de usar o mesmo recurso que, por sua vez, nominou de "*shéma*": o esquema L, o esquema R, o esquema do desejo e, sobretudo, o dos três registros: Real, Imaginário e Simbólico. Como se sabe, Lacan em visita a Milão, teve uma intuição brilhante: verificou no escudo da família de São Carlo Borromeo três anéis ou argolas ligados entre si, de tal maneira que rompendo um, os três se desfazem. Logo viu que essa figuração calhava bem para representar os três aspectos do funcionamento mental do sujeito humano: Real, Imaginário e Simbólico, como também o mistério da Trindade, do qual afirma ter dado a noção mais clara.

Esses esquemas têm uma finalidade didática "e entretêm com a estrutura uma relação de analogia" (Miller J.). No real, como agem esses três registros? Escapa-nos, mas não nos escapam os sinais (sintomas) de como eles se articularam ou articulam em nós ou nos pacientes.

Verdade é que esses três registros nos revelam como a mente se acorda com a realidade, já que o que caracteriza o ser humano é a linguagem, ou seja, para Lacan, o simbólico. O valor teórico dessa abordagem lacaniana consiste em que ela pode definir a clínica psicanalítica independentemente da medicina. Primeiro, em sua consistência topológica, ela define a posição do sujeito e, segundo, a interdependência desses três registros faz com que o simbólico limite o imaginário, o imaginário limite o real e o real limite o simbólico. Valor outrossim nosológico: as diversas patologias do sujeito estariam predominantemente em determinado registro, resultante exclusivamente de sua história pessoal. Com isso, excluímos as classificações nosográficas e, mais que tudo, os tais "transtornos" do DSM. E um psicanalista tarimbado pode chegar à singularidade da patologia do paciente já na anamnese. A psicanálise "localiza" e trata exclusivamente a patologia de tal sujeito. Não coloca o paciente numa classificação nosográfica e, sim, verifica como a patologia se particulariza na história dele. Não há dois esquizofrênicos iguais.

O fato de as três argolas não poderem ser separadas, pois isso desmancharia a articulação entre as três, indica que os três registros agem simultaneamente na dinâmica mental. Freud e Lacan partem da ideia fundamental de que a energia humana, chamada por eles de pulsão, diferente de instinto, tem a propriedade de se transformar em palavra, de se significar e de se transformar em cultura, civilização. Este processo Freud o denominou sublimação. E aqui está o princípio ético fundamental para cada ser humano que vem à existência. Para Freud, mais ainda para Lacan, a linguagem sempre precede, ou seja, o simbólico é aquilo que conduz o ser humano mesmo antes de seu nascimento; o simbólico é o que lhe fornece os caminhos da sublimação, ou seja, transformar suas pulsões em passos e obras de cultura. E o mecanismo mediante o qual o simbólico opera é a castração. É a castração que cria o sujeito humano, libertando-o da escravidão da pulsão solta.

O simbólico é o registro que faz a leitura do real e do imaginário. "Como todo real é inacessível, isso se assinala pelo que não engana: a angústia". O imaginário, diante do real, fornece a concretude da realidade e a certeza (tempo e espaço) daquilo que cai em sua captura. Além disso, o imaginário, quando a serviço do sujeito, abre horizontes de inovações e criatividade. Ao contrário do doente mental, sobretudo do paranoico, que se encontra preso, petrificado e dominado, por ele. O simbólico permite que o sujeito possa se separar de ambos, e os interpretar como quem está no domínio cognitivo desses dois registros. Lacan denominou esse processo de $ = sujeito barrado. O sujeito humano, por estar no exílio da linguagem, ele ex-siste ao real e ao imaginário e, portanto, a si mesmo. Como bem observou Fernando Pessoa: "Sou o intervalo entre o que eu desejo ser e os outros me fizeram" ou "o que é este intervalo entre mim e mim"?[8] "A vida não é presa ao simbólico senão espedaçada, decomposta. O próprio ser humano está em parte fora da vida, ele participa do instinto de morte. É de lá somente que ele pode abordar o registro da vida" (S. II 113).

Se agora nos transportamos para a clínica psicanalítica, que é a clínica do inconsciente, como podemos nos valer desses três registros para entender as manifestações dele e as doenças – neurose, psicose, perversão – que invadem o sujeito humano?

[8] Nota: "Aparelho Psíquico": Freud, em suas observações clínicas das manifestações do inconsciente, conseguiu descrevê-lo em termos de espaço e tempo: "camadas", "anéis", "traços", repartição do espaço entre o consciente e o inconsciente, representação dos estágios dela: "das Es" (id), "das *Ich*" (ego) e "das Überich" (superego). Uma estrutura psíquica: (...) "sendo que no inconsciente nada acaba, nada passa, nada é esquecido"; "representação indestrutível"; (...) "uma ofensa recebida há 30 anos... continua a agir como se fosse atual". No inconsciente vigora um presente sem consciência.

Lacan, graças à linguística, à filosofia e sobretudo à função simbólica, dá um passo decisivo para a clínica psicanalítica na sacada dos três registros que configuram o funcionamento da mente humana. A matemática da teoria de conjuntos e da topologia o subsidiam na fundamentação. Avanço consistente e irreversível sobretudo se levamos em conta a teorização da função do significante: algoritmo da aletheia do sujeito.

Tenho um pensamento e uma convicção, embora sem lastro para o demonstrar: o próximo passo na teorização da descoberta da psicanálise está na teoria quântica, segundo a qual espaço e tempo se anulam e todas as representações são simultâneas, como as descrições clínicas feitas por Freud e Lacan. No inconsciente não há passado, tudo está lá num presente contínuo. Houve e há um registro diacrônico, mas a estrutura é permanentemente sincrônica. Um vaso que cai e se espatifa não torna a ajuntar suas partes. Mas o que foi previsto pelo físico Arthur Edington (1882-1944) é que é possível reverter a seta do tempo. Experimentos atuais em termodinâmica quântica comprovam que o frio pode comunicar calor ao quente (Folha de São Paulo, 27/01/2018). Não seria isso aquilo que Freud descreve como "regressão" do trabalho de sonho? "Mera" reversão da seta do tempo? Será que não estamos perto do que Freud e Lacan descrevem como "mecanismos" do inconsciente: "condensação" (metáfora, Lacan) e "deslocamento" (metonímia, Lacan) daquilo que Freud chama de "material" do inconsciente?

Freud, nas últimas páginas da *Interpretação dos Sonhos,* já nos faz um alerta:

"Uma vez os desejos inconscientes reconduzidos à sua expressão última e à mais verdadeira, pode-se dizer que *a realidade psíquica (Realität) é uma forma de existência particular,* que não se deve confundir com a *realidade material*" (Wirklichkeit). E Lacan a replicar: (...)"realidade não é homônima de realidade exterior. No momento em que dispara sua neurose, o sujeito elide, escotomiza... uma parte de sua realidade psíquica ou, numa outra linguagem, de seu id" (S. III. P. 56).

Lacan, que diz adotar um estilo que lembra as manifestações do inconsciente, deixou-nos um legado semirrevelado para entendermos o que permite transportar o modelo dos três registros da consciência, ou seja, do sujeito raciocinante, do sujeito do enunciado, para o sujeito do inconsciente, aquele da enunciação: habilmente colocou na intersecção dos três o "objeto-a", o objeto parcial. Aqui, impõe-se uma análise fina desse procedimento.

O sujeito da consciência e o sujeito do inconsciente são um só. "A consciência do sujeito pensante é um inútil reflexo dos fenômenos psíquicos cumpridos" (*Interpretação dos Sonhos* p. 523), e o sujeito do inconsciente é o $ ◊ a: o sujeito barrado, ligado e especificado pelo objeto-a.

Em 1895, no *Esboço,* Freud já dava a seguinte definição do objeto do inconsciente, aquele estabelecido, registrado pelo processo primário: "o que qualificamos de 'objetos' é feito de restos que escapam ao julgamento". Os objetos-a, que "escapam ao julgamento" consciente, são infindos e, como "os astros", eles sempre retornam ao mesmo lugar. São "indestrutíveis", uma memória que não esquece. São ativados por um "material de véspera" energizados pela energia (pulsão) "constante".

Freud em *O Mal-estar na Cultura* retoma o tema do esquecido... "Na vida psíquica nada pode se perder, nada desaparece daquilo que se formou, tudo de algum modo se conserva e pode aparecer em certas circunstâncias favoráveis, por exemplo, no decorrer de uma regressão suficiente".

Tudo, absolutamente tudo da existência está registrado no inconsciente, mesmo aquilo pelo qual passamos e não notamos: (...) "o inconsciente não deixa nenhuma de nossas ações fora de seu campo" (E.I. 514). O "objeto-a" retorna ao sujeito pelas intermediações de fantasmas no imaginário na forma de desejos. O "objeto-a" é a causa do desejo. Mas a solidez do objeto consiste no fato de que é ele o real do sujeito. A clínica psicanalítica, aquela que Lacan disse ter-se aborrecido por não a ter descoberto antes, é a clínica desse real, o autêntico do sujeito. Quando a prática psicanalítica deixa de atuar com o retorno desse real, ela se torna uma psicoterapia e aí: "a psicoterapia conduz ao pior. Isso deveria implicar que não se pode ao mesmo tempo se dizer lacaniano e psicoterapeuta"[9] (Lacan). Penso que "conduz ao pior" porque o sujeito mais se emaranha no imaginário, o que, além de travar a cura, leva perigo, pois a causa do sintoma é ignorada e a doença pode cronificar.

Esse real só é real porque um dia passou pelo imaginário e o simbólico o constituiu, isto é, instituiu o sujeito dele, o sujeito da enunciação. Esse é o inconsciente: registro universal do $ujeito e é indestrutível. "É mui verdadeiro que os desejos inconscientes estão sempre la".

Eles representam vias sempre abertas à excitação que as emprega. A indestrutibilidade é mesmo uma característica proeminente dos processos inconscientes. No inconsciente, nada acaba, nada passa, nada é esquecido... Uma ofensa recebida há trinta anos, uma vez que se abra via em direção das fontes afetivas inconscientes, continua a agir sempre como se fora atual". O papel da psicanálise: (...) "levar aos fenômenos inconscientes a liberação". "O inconsciente é o próprio psíquico e sua essencial realidade" (...) "nossas lembranças, compreendidas aí as mais profundamente gravadas em nós são de natureza inconsciente". "Uma única análise de sonho deve convencer o neuropata de maneira absoluta que os processos de pensamento mais complicados podem se desenrolar sem excitar a consciência do paciente" (Freud, *Interpretação dos Sonhos*, passim). "O inconsciente, completa Lacan, é que o homem seja habitado pelo significante" (E.I. p. 35). E Fernando Pessoa a confirmar: "A decadência é a perda total da inconsciência, porque a inconsciência é o fundamental da vida". Ou como escrevia Drummond: "que caixa esquisita guarda em mim sua névoa e cinza, seu patrimônio de chamas, enquanto a vida confere seu limite, e cada hora é uma hora de vida no balanço da memória que chora e que ri partida"?

Freud denominou essa instância como "*Kern unseres Wesen*", "cerne de nosso ser". De outra feita, chamada de segunda tópica, chamou esse "lugar" de *Es,* que os psicanalistas ingleses "traduziram" por ID, pronome

[9] (Ornicar? Bulletin périodique du Champ Freudien, nº 9, 1977 – passim -)

demonstrativo neutro latino, Isto. E Freud explicita a tarefa da psicanálise nesses termos: "*Wo Es war, soll Ich werden*", "onde Id era, devo Eu devir". "Eu" e não ego, como as traduções brasileiras registraram, pois Freud escreve *Ich (Eu)* e não "*das Ich*", como ele designa o ego; também não escreveu *das Es* como ele nomeia o Id e, sim, *Es* simplesmente.

Lacan vai na mesma esteira. O inconsciente é uma instância onde "eu não penso pensar"; (...) "eu penso onde não estou, portanto estou onde não penso. Eu não estou lá onde sou o joguete de meu pensamento; eu penso naquilo que sou, lá onde não penso pensar" (E.I. 517). Fernando Pessoa: "mas é mais, mais de dentro, mais de cima:/ É o sono da soma de todas as desilusões/ É o sono da síntese de todas as desesperanças, / É o sono de haver mundo comigo lá dentro / **sem que eu houvesse contribuído em nada para isso".** "Até onde era o reino do sono eu devo devir... werden, ao qual cabe atribuir seu alcance de crescer no devir" (*Meu Ensino* p. 93). "O sujeito (...) já se acha em sua morada no nível do *Es*... o *Es* é o núcleo do sujeito" (id.ib.).

O real

Essa explicitação do inconsciente, objeto da psicanálise, se faz necessária pois hoje, mesmo entre psicanalistas, reina equívoco.

O real consciente, isto é, a leitura que o sujeito faz da realidade, esse real bem definido pela filosofia não pode ser confundido com o real do inconsciente que emerge no fantasma, no "representante da representação", representação esta própria ao processo primário de cujo acesso direto não dispomos.

Permito-me citar um exemplo dessa equivocação. Primeiro, porque o exercício da psicanálise hoje exige atenção especial ao domínio do imaginário no mundo pós-moderno. A comunicação virtual o hipertrofiou, e a economia de mercado o explora a fundo; segundo, não poucos analistas, para não falar de psicólogos e psiquiatras, pairam no imaginário do paciente, se é que aí ambos não se atolam.

No livro *Psicanálise, Clínica do Real*, a co-autora Claudia Riolfi serve-se do conto da Branca de Neve, para, segundo ela, explicitar o real. A rainha ouve o espelho: "Você é bela, rainha, isso é verdade, mas Branca de Neve possui mais beleza". A articulista: "Que paulada na moleira da rainha! Apartada do imaginário da unidade corporal, foi ela quem se despedaçou". A autora diz *ipsis litteris*: "imaginário" da unidade corporal. Ela prossegue: "Assim sendo em vez de tentar se reinventar e conquistar outro título sucumbiu a uma funesta decisão: negar o elemento ("imaginário"!) que impedia o espelho de perpetuar uma identidade congelada ("imaginário")". E a receita é clara: a um imaginário, um imaginário mais poderoso, um "prêt-à-porter".

Então que real é esse: da rainha ou da outra? Evidentemente o real da consciência, do imaginário e do simbólico da autora. Sobretudo pela sensibilidade feminina ao assunto... Um psicanalista sabe que não está no saber da rainha, menos ainda no saber dele e, sobretudo, no saber explicitado pela autora o que o inconsciente da rainha registrou ("objeto-a") no momento em que confrontou no espelho o real consciente do conflito do envelhecimento. A autora "interpreta" como se fosse a mesma coisa o real do imaginário e o real do inconsciente, isto é, o "objeto-a" que, por certo, não é "objeto-a", tomado pela interpretante como real. Isto tem um nome: "análise fenomenológica" ou comportamental. Calha aqui precisamente: "a gente se habitua ao real. A verdade a gente recalca" (E.I. 616).

Em outro momento, Lacan explicita bem esse real: "se há fantasma é no sentido mais rigoroso da instituição de um real que cobre a verdade" (E.I. 873). Portanto, o real instituído, "falado", significatizado pelo inconsciente. Análise não é réplica ao eco imaginário. Análise é surpresa, "espanto", criação, poesia, o novo! Pelo resto, a história feroz da luta de prestígio entre rainha e Branca de Neve comprova pela agressividade estrutural do imaginário que ambas não saíram dele. A intervenção de um terceiro, enfim, desarticula a relação dual mortífera. Eis por que a psicanálise é disruptiva: ela é distópica, desmascara o imaginário, lugar de desconhecimento, da objetivação e agressividade. Ela trabalha exclusivamente com o real do sujeito, isto é, com o representante da representação que é propriedade do processo primário e que nos escapa absolutamente, a não ser que se manifeste no fantasma. Daí repito, a fórmula do sujeito criada por Lacan: $ ◊ a.

Imaginário

Abro aqui uma reflexão mais aprofundada sobre o imaginário, levando em conta as razões acima. Se o simbólico se caracteriza como estrutura especificamente humana – isto é, ele é o humano por excelência –, e o real nos revela, mediante as manifestações do inconsciente, a verdade do sujeito, o imaginário é o cenário que apresenta a articulação dos três registros. Lembremos, antes de mais nada, que os animais também se identificam e operam exclusivamente pelo imaginário, mas não usufruem do simbólico, especificamente humano.

Imaginário! Glória, criatividade, invenção... comédia, drama, tragédia. Incessante paradoxo dialético da mente humana. Sua origem: expõem-na três trabalhos fundamentais de imenso valor antropológico: "Os Três Ensaios sobre a Sexualidade" (Freud) e "O Estádio do Espelho" (E. I. p. 93) e "A Agressividade em Psicanálise" (Lacan, E.I. p. 101). Fundamento, pilastra, baldrame, estrutura do sujeito humano. Planta básica da construção de sua ex-sistência, cimentada pelo simbólico. Partir da natureza ao acesso à cultura. A humanização do *In-fans*, daquele que ainda não fala. A palavra "a fazer homem". Pois que aos 4 (M. Montessori) ou aos 5 (Lacan) ou aos 6 (Freud), o ser humano está formado, e o resto é decorrência. "Assim a ruptura do ciclo do Innemwelt ao Umwelt engendra a quadratura inesgotável das verificações de conformidade do ego" (E. I. p. 97). "Neste ponto da junção da natureza com a cultura que a antropologia hodierna perscruta obstinadamente, só a psicanálise reconhece esse nó de **servidão** imaginária, que o amor deve sempre redesfazer ou cortar" (E. I. p. 100). "*Urbild* ideal do Ego", aquela primeira e primeva que imprimiu em mim a certeza que a imagem do espelho é minha e o louco não identifica mais. "O Ego se forma dos mesmos momentos que o sintoma" (E. I. 3 p. 36). *Urverdrängung* é o recalque primário. No mito de minha história, imprimiu-se em meu inconsciente um recalque primevo de mim mesmo de que mim sou eu. Quando a *Urbild* e a *Urverdrängung* não ocorrem de maneira sólida, com certeza as patologias emergirão. *Urbild* e *Urverdrängung* me possibilitam o real de mim. Três colunas do **Eu**. E, como diz Fernando Pessoa, nada mais tranquilizante do que o real.

Imaginário: lugar, instância, topologia das imagens, estrutura do ego. A soma, a troca, a movência delas. O Ego: "Breve, nós designamos no ego esse núcleo dado à consciência, mas opaco à reflexão, marcado com todas as ambiguidades que, da complacência à má fé, estruturam no sujeito humano o vivido passional; esse 'eu' que, para confessar sua facticidade à crítica existencial, opõe sua irredutível inércia de pretensões e desconhecimento à problemática concreta da realização do sujeito" (E. I. p. 105). "O Ego, diz Lacan em *Meu Ensino*, "é feito das identificações superpostas à maneira de casca, espécie de armário cujas peças trazem a marca do tudo pronto embora a combinação não rara seja bizarra". "O Ego é vaidade de uma forma visual" (id.ib.). E Machado de Assis: "A vaidade é um princípio de corrupção". E o apego ao ego vai além morte: "Minhas filhas, no caixão não deixem as manchas de minhas mãos à vista. Vista-as com luvas".

Paradoxo explicitado: não somos sem o imaginário, mas o tomar como sendo eu, o sujeito, e não "imagens" de mim, me embruteço ao me apaixonar por elas e opor toda sorte de resistência a deixá-las, ou melhor, desmascará-las; aferramo-nos a uma "irredutível inércia de pretensões e desconhecimento" de nós mesmos e obstamos à "problemática concreta de nossa realização como sujeito". Mas deixo de ser sujeito de meu imaginário quando a criatividade vem do inconsciente – literatura – arte – ciência – não a transformam em real, em obra. Aí a criação se perde e vai para o abismo do ouvido. Fernando Pessoa é modelo de como nada perder.

Cecília Meireles resumiu esse encantamento... feitiço: "Assim moro em meu sonho/ como um peixe no mar/ *O que sou é o que eu vejo/ Vejo e sou o meu olhar"*. Claramente: o ego se constitui pelo olhar do outro: "na pulsão escópica o sujeito encontra o mundo como espetáculo que o possui" (*Nomes- do-Pai* p. 11). "O olhar do outro me devora", dizia-me um paciente. O olhar é o objeto escópico. E essa entrega é tão forte: Lacan fala em "matriz", "estrutura ontológica do ser humano", "fonte", raiz, origem, "cepa de identificações secundárias", "normalização libidinal", "castelo interior", "estátua", "estatura", "fortaleza", "fortificação", "campo retrancado"... Este fenômeno se inscreve "numa ambivalência primordial que nos aparece, eu já o indico '*em espelho*' nesse sentido que o sujeito se identifica em seu sentimento de si à imagem do outro que acaba por cativar nele esse sentimento". O sujeito se debate na "quadratura inesgotável das recolagens do ego". E a reversibilidade: "libido é a energia que sustenta o metabolismo das imagens" (*Nomes-do-Pai* p. 17/18). "A função imaginária é aquela que Freud formulou como a presidir o investimento do objeto como narcíseo. É sobre isso a que nos voltamos a demonstrar que a imagem especular é o canal que assume a transfusão da libido do corpo em direção ao objeto" (E. I. p. 822).

Na ambivalência entre eu precisar de meu imaginário para me situar no tempo, no espaço, no corpo, na espécie, na criatividade, na produção, na invenção... e eu deixar de me tomar pelo meu ego, há uma "irredutível inércia", que se opõe ao meu despego, à minha rendição de que não sou imagem, sou fala, sou simbólico, sou sujeito. Essa "irredutível inércia" Lacan a explicita: "É que do mesmo modo, o homem na subordinação do seu ser à Lei do reconhecimento é atravessado pelas avenidas da palavra e é por aí que está aberto a toda sugestão. Mas ele se atrasa e se perde no discurso da convicção em razão das miragens narcíseas que dominam a relação ao outro de seu ego" (E. I. p. 352).

Este texto é de uma riqueza clínica impressionante. Lacan, mais do que qualquer outro psicanalista, conseguiu alcançar uma lucidez clínica decisiva para a análise do imaginário: o ser do homem, em virtude do estádio do espelho, está subordinado à lei do reconhecimento. Esse desejo infantil acompanha o ser humano a cada passo de sua existência. Sobretudo a *Urverdrängung*, o recalque primário. Ele se mede e age pelo parâmetro das imagens de si. Com isso, "atravessado que é pelas avenidas da palavra, fica aberto" a toda sugestão. Seja porque essas imagens que acredita ser ele não se coadunam com as imagens que o outro lhe oferece e ele reage com aversão, raiva, mágoa, inveja, ódio... seja porque se vê seduzido, sugestionado pela imagem que o outro lhe fornece. Conclusão: o desejo de reconhecimento é um abismo em que se precipita em seu ego, se aliena e se perde como sujeito, e a reação da agressividade senão de agressão diante da discordância imaginária é a instância da "servidão voluntária", da "luta de prestígio do senhor e do escravo" (sujeito x imagem e imagem x sujeito). E a psicanálise não só descobriu a trama egoica, como é a única ciência do sujeito capaz de a decifrar e a desmascarar para a libertação do sujeito.

A maior parte dos seres humanos vive como presa do imaginário. Muitas terapias que agem apenas no plano do imaginário e na prática da sugestão não fazem senão confirmar o sofrimento humano, deixando o sujeito sem saída ou cronificado. Mera, repetindo, "utópica retificação do par imaginário" (E. I. p. 54).

Preso na "fixação" (Freud) das imagens de si em seu imaginário e lutando para as afirmar, não raro as impondo aos outros como verdade (vide o fanático), o sujeito se atrasa porque, alienado, adia sua libertação como sujeito e "se perde no discurso da convicção em razão das miragens narcíseas que dominam a relação ao outro de seu ego". Nessa dialética dual, não há abertura para o terceiro interposto, o sujeito está "perdido" nas "miragens" de seu ego. Sobretudo se o ódio, o fanatismo, o ressentimento, a raiva, o amor próprio, a paixão, que são próprios à estrutura egoica, emergirem, é pouco provável que o grande Outro seja convidado para dissipar as "miragens" e impor o real: "as miragens narcíseas... dominam a relação ao outro de seu ego". "O ego banha em sua função, desempenha a função de obstáculo, de interposição e de filtro" (S. II. p. 148). Aqui cabe um questionamento clínico: estando o paciente cego na paixão, fixado em seu imaginário, caberia o psicanalista agir no real? Eu penso que sim, e assim eu procedo. Ele deve!

O trabalho da análise consiste em pacientemente desmontar essas "miragens narcíseas", de tal modo que o sujeito se desaliene delas e descubra a infantilidade ou a inanidade dessa busca de reconhecimento, e passe a usar essa energia no reconhecimento de seu desejo. Este encaminhará a pulsão à sublimação, à obra, e esta sim trará o reconhecimento do sujeito. A busca do reconhecimento é um equívoco, ilusão, fútil, volátil, não persiste. A obra não, a obra permanece, testemunha o sujeito, é concretização de seu desejo esclarecido.

Deixo de ser sujeito de meu imaginário quando a criatividade que vem do inconsciente – literatura – arte – ciência – não a transformo em real, em obra. Aí a criação se perde e vai para o abismo do olvido, do recalque. Não voltará mais a mesma. Fernando Pessoa é modelo de como nada perder de toda e qualquer inspiração. Exceção alguma, nada, nada que ele deixasse evanescer, tudo passava para o real da escrita. Ele tinha convicção plena de que só a obra permanece. Machado a mesma coisa: "quando uma pessoa ou grupo saem bem, ninguém quer saber do modelo (imaginário!) mas da obra e a obra é que fica". Mas esse expediente supõe um imaginário a meu serviço e não eu sujeito, escravo dele. Não nos esqueçamos de que a característica de uma obra de arte seja *per porre* seja *per levare* é a permanência.

O imaginário, é necessário, pois sem ele não há possibilidade de nos situarmos. Além disso, sem ele, nem os sonhos, essa realização benéfica, desobstruinte de nosso sistema psíquico, seriam possíveis e, consequentemente, nossa saúde mental e nervosa estariam comprometidas. O louco ou mesmo o neurótico são doentes por causa de um imaginário em parte ou quase totalmente coagulado, fixado, um imaginário que prende o sujeito a ponto de o dificultar em seu reconhecimento e em sua criatividade ou o reter na quase impossibilidade de ambas as operações.

O imaginário é o teatro, melhor, o palco em que nossa comédia, drama ou tragédia se representam, sem que tenhamos a consciência de que somos os atores, como ocorre no sonho: "captação do sujeito pela situação" (Lacan). Preso nessa "captação", eis a doença psíquica! Passar uma vida alienado nela, cortado do desejo próprio é angústia sobre angústia, é "desassossego" (F. Pessoa) incessável.

Comédia: vivemos num mundo imaginário: "comunicação" virtual, o sujeito fora do real, loucura por uma tomada na TV, facebook insaciável e vigilante, selfies, narciso em espelho d'água permanente, gozo mortífero, fotografias por fotografias, exibicionismo incessável em era de narcisismo entumecido, iconolatria e iconofagia... a substituição da troca por meio da palavra pela troca de emojis ou de figurinhas. Logros do imaginário, miragens do ego (E. I. p. 520) ... 88 pessoas já morreram em selfies. Sociedade de consumo e de espetáculo. "Sujeito do mercado". "Mercado de Trabalho". A estúpida luta de prestígio em bens materiais, na academia, na política, na religião e em qualquer associação familiar ou outra... Luta insana para preservar a imagem, desejo infantil de reconhecimento a custo de não reconhecer o próprio desejo e de o transformar em obra. Império da paixão numa competição devastadora cujo fim é a morte do outro. Dialética letal por ausência do Outro. "Esse interesse do ego é uma paixão cuja natureza já fora entrevista pela geração dos moralistas em que ela era chamada amor-próprio, mas da qual somente a investigação psicanalítica soube analisar a dinâmica em sua relação ao corpo próprio. Essa paixão fornece a toda relação com essa imagem, constantemente representada pelo semelhante, uma significação que me interessa de tal modo, isto é, que me faz estar numa tal dependência dessa imagem, que ela acaba ligando ao desejo do outro todos os objetos de meus desejos, mais perto do que ao desejo que eles suscitam em mim" (E. I. p. 427). Vide as loucuras do sujeito apaixonado! A estrutura do ego "é desejo de fazer reconhecer seu desejo" (E. I. p. 343).

Drama: histeria que voltou a toda, até com paralisação de membros e funções, "o campo retrancado" da neurose obsessiva, hipocondria rendidamente cultivada para gozo das multifarmacêuticas, pânico, agorofobia, medo de toda espécie, pavor da dor, analgésicos ao menor sinal dela, busca de gozo a qualquer preço, "necessidade" de psicotrópicos para dormir ou para qualquer alteração emocional, fuga da castração e da renúncia sublimatória... Época complicada e complicante a nossa: cada vez mais pais de espinha dorsal gelatinosa e mães marias-moles: a pulsão, para desgraça e patologia dos filhos, corre solta. Não podendo e não sabendo como dar conta das fortes ondas pulsionais, por inação e omissão ou demissão dos pais hodiernos, aos filhos não lhes resta senão transformar essa energia em manha, birra, raiva, agressividade mesmo quando minimamente contrariados. E, o infantil, a planta básica da construção subjetiva, não os largará: sofrimentos, desajustes anunciados, com pouca ou nenhuma liberdade criativa.

Drama da identificação imaginária secundária

1. Empresário, 40 anos, escolhido pela mãe como o filho amado em contraponto ao irmão. Segue vida afora na ambivalência entre a sedução da mãe e o desejo imperioso de levar família e firma adiante. Dialética penosa entre o homem cheio de ambições e potencialidades e o "menino" da mãe, "menino" que ele não consegue largar: medo de ir além da cidade onde a mãe ia a negócios, medo de avião, angústias súbitas, alívio imediato com a mãe apertando a campainha de sua casa, insônias, aflições noturnas, indecisões diante das resoluções do dia a dia, o "inho" da mãe e o homem inteligente, cheio de vontade de crescer, taquicardias inopinadas, medo angustiante de morrer... Mas graças a um trabalho duro de análise, rompeu com o imaginário infantil e usufrui da paz de ser ele, ter seu desejo esclarecido. Além disso, a alegria de ver sua empresa prosperando.
2. Executivo poderoso. Há décadas numa grande multinacional, tornou-se "o" homem da empresa: não havia o que não resolvesse junto a governos dos mais diversos países. Hoje aqui, amanhã nos Estados Unidos, Europa e Ásia, ele não só viajava de avião, viajava em seu ego inflado como um balão a conduzi-lo.

   A mãe, figura apagada, mas o pai, grande empreendedor, sempre valorizou o irmão mais velho, o doutor. Ele entrou em luta de prestígio com o irmão, fez engenharia e galgou os pontos mais elevados da multinacional. Esqueceu-se de cuidar de si, da família, nessa luta insana de enfrentar a desvalorização do pai, competir com o irmão e provar-se vencedor... Porém, a aposentadoria compulsória foi anunciada. Seis meses antes, teve que deixar sua sala e seu *staff*! Foi tomado de uma tristeza que se transformou em depressão profunda, perdeu o sentido de "viver" fora daquele ego poderoso que acreditava ser ele. "Dediquei décadas da minha vida à empresa, não investi em mim e agora sou demitido. Daqui um tempo, as novas gerações sequer lembrarão de mim". Inteligente, "descascou" seu ego, desceu dele e rendeu-se ao real da transitoriedade da existência. Descobriu mulher, filhos, netos e um plano "b" lhe abriu novos horizontes.

3. Executivo brilhante, filho eleito da mãe diante de um pai sisudo e ausente na educação. Desde a mais tenra idade, correspondência total à eleição materna: sempre o melhor aluno e o melhor comportamento, o melhor entre os irmãos, o primeiro em tudo. A mãe a reforçar sempre mais a correspondência dele à sedução dela. Batendo nos 40, a angústia cresce de maneira insuportável: vida de cobrança extrema e sem parar, seja no emprego, na família, sobretudo na paternidade, ou em relação aos amigos. Qualquer situação em que não se achasse o melhor, não encontrasse tal reconhecimento, sentia-se mal, deslocado, infeliz, sensação de fracasso. "Menino" da mãe, arrasta ambivalência pesada, cansativa, com o homem bom, cheio de potencial que é. Fixação imaginária dura de romper. Mas rompeu com o castelo egoico. A existência mudou: abandonou a procura insana da busca de reconhecimento da mãe, reproduzida ao longo da existência junto a seus interlocutores, e pacificou-se no reconhecimento de seu desejo aclareado.

A literatura é abundante em exemplos de egos endurecidos e escravizantes ou escravizados.

4. Brás Cubas, meninão superatual, verdadeira profecia de Machado de Assis sobre os "adultecentes" hodiernos. Passou a existência a driblar os compromissos do real. Viveu o imaginário aplicado a preservar o gozo de filho preferido e abastado. Virgília o esperou em vão. O capítulo LV: "o silêncio diz

tudo!"... Safou-se ele: "De dois grandes namorados, de duas paixões sem freio, nada mais havia ali, vinte anos depois; havia apenas dois corações murchos, devastados pela vida e saciados dela"; "cuido que não nasci para situações complexas"...

"Meu pai ficou atônito com o desenlace, e quer-me parecer que não morreu de outra cousa. Eram tantos os castelos que engenhara, tantos e tantíssimos os sonhos, que não podia vê-los assim esboroados, sem padecer um forte abalo no organismo. A princípio não quis crê-lo. Um Cubas! Um galho da árvore ilustre dos Cubas!". E o pai finou desesperançado: "Mas a tristeza tornou logo, a tristeza de morrer sem me ver posto em algum lugar alto, como aliás me cabia"... Sonhou, sonhou ministro, sonhou deputado: "Este último capítulo é todo de negativas. Não alcancei a celebridade do emplastro, não fui ministro, não fui califa, não conheci o casamento. Verdade é que, ao lado dessas faltas, coube-me a boa fortuna de não comprar o pão com o suor de meu rosto... Somadas umas cousas e outras, qualquer pessoa imaginará que não houve nem míngua nem sobra, e conseguintemente que saí quite com a vida. E imaginará mal; porque ao chegar a este outro lado do mistério, achei-me com um pequeno saldo, que é a derradeira negativa deste capítulo de negativas: - Não tive filho, não transmiti a nenhuma criatura o legado da nossa miséria". Imaginário, realmente, instância de "desconhecimento e objetivação": "nossa miséria".

5. *Carta ao Pai,* de ponta a ponta, testemunha um imaginário avassalador, feroz: "fortaleza", "chicanas"... Kafka, o escritor, carta ao pai... preso num imaginário congelado, vive com o pai ambivalência entre amor e ódio ("amoródio", Lacan), que o mergulhou num ressentimento profundo e que, ao meu ver, levou-o à morte: tuberculose fatal que lhe tirou respiração própria.

Superego obsceno entre "claro que minha mãe também me estragou com seus mimos"... e "justamente como pai tu foste demasiadamente forte para mim"... "e para isso eu era fraco demais"... "tu simplesmente me esmagarias sob teus pés, a ponto de não sobrar nada de mim. E isso não chegou a acontecer;

o que restou vivo não pode ser calculado, mas talvez tenha acontecido algo pior"... "para mim tu eras a medida de todas as coisas"... "Da tua poltrona, tu regias o mundo"... "Tua opinião era a certa, qualquer outra disparatada, extravagante"... "No final não sobrava mais ninguém além de ti. Tu assumias para mim o caráter enigmático que todos os tiranos possuíam cujo direito está fundado sobre sua pessoa e não sobre o pensamento" ...

De outro lado: "(...) trabalhaste pesado durante tua vida inteira, sacrificaste tudo pelos teus filhos e sobretudo por mim enquanto eu 'vivi numa boa' por conta disso, gozei de toda liberdade para estudar o que bem quisesse, não precisei ter nenhuma preocupação com o meu sustento e portanto nenhuma preocupação, fosse qual fosse, não exigiste gratidão em troca disso"... Em carta a Felice, sua namorada: "Eu já lhe disse alguma vez que admiro meu pai? Que ele é meu inimigo e eu dele, conforme nossas naturezas o determinaram, isso tu sabes, mas além disso minha admiração por sua pessoa talvez seja tão grande quanto meu medo diante dele".

Diante da ambivalência, frente a um pai real onipotente e onipresente em seu superego inflexível: "(...) eu perdi a autoconfiança diante de ti que foi substituída por uma consciência de culpa ilimitada". Sempre longe de corresponder ao ideal de ego do pai a respeito de si. E isto aparece claro na questão das tentativas de casamento: joga para o pai a responsabilidade de que nenhuma das três moças correspondia ao ideal de mulher que ele, o pai, sonhara para o filho. Mas essa projeção era escape para sua real incapacidade para o casamento: "Eu imagino para mim o fato de estar à tua altura, essa igualdade que passaria existir a partir daí e que tu poderias compreender como nenhuma outra; eu a imagino tão bela porque então seria um filho livre, grato, sem culpa, sincero e tu um pai sem angústias, nada tirânico, compreensivo e satisfeito. Para chegar a esse objetivo, tudo o que aconteceu teria de ser desfeito, nós mesmos teríamos de ser apagados"; "(...) o casamento teria de ser vedado para mim pelo fato de que ele é precisamente teu domínio mais próprio". Esse domínio: "Às vezes imagino o mapa mundi aberto e tu estendido transversalmente sobre ele.

Então tenho a sensação de que para mim entrassem em consideração apenas as regiões que tu não cobres ou que não estão ao teu alcance. De acordo com a imagem que tenho de teu tamanho, essas regiões não são muitas nem muito consoladoras e o casamento não está entre elas".

Mas atribuir ao pai a responsabilidade de não conseguir se casar é desmentido pelo próprio Kafka, quando revela a real razão de "o casamento está vedado para mim"... "O obstáculo essencial, porém, lamentavelmente autônomo em relação ao caso individual, residia no fato de eu ser **espiritualmente** incapaz de me casar... Isso fica expresso no fato de que, a partir do momento em que decido me casar, não consigo dormir, a cabeça arde dia e noite e isso já não é vida, e eu vagueio desesperado por aí". Imaginava que fundar uma nova família seria a única saída para se libertar desse ego moldado pelo pai e nele fixado, mas, na verdade, sua estrutura sexual o impedia de dar esse passo. "Espiritualmente incapaz de me casar": certamente nada de escrúpulos morais ou religiosos (basta ver o formalismo religioso ou a indiferença religiosa do pai e dele), e, sim, provavelmente "incapaz" por uma homossexualidade enrustida, resultante dos "mimos" da mãe e da proteção dela contra as investidas do pai?

E Kafka da *Carta* não enlouqueceu numa paranoia de perseguição porque conseguiu passar sua luta de egos com o pai para o real da escrita: "(...) já dei a entender que eu, no ato de escrever e naquilo que se relaciona a ele, efetuei pequenas tentativas de independência"... Mesmo a frustração no amor a uma mulher encontrou saída na escrita: "Foi principalmente a consideração ao meu trabalho de escritor que me impediu, pois eu acreditava que este trabalho estaria em perigo com o casamento". Quando o pai real ocupa o lugar de Um Pai – impostor, o pai imaginário e sobretudo o pai simbólico ficam em parte ou *in totum* (vide Schreber!) impossibilitados de efetuarem a função libertadora da castração.

Kafka dos escritos seria um paciente analiticamente prazeroso: inteligente, poeta, mergulharia na análise de seu inconsciente e desmantelaria esse imaginário petrificado e inibidor. Surgiria daí, quiçá, um escritor de grande porte e não apenas escritos que giraram todos em torno de seu sintoma central. Em todo caso, leitura indispensável por quem se preza psicanalista.

6. Enfim, Simone de Beauvoir, em *A Mulher Desiludida*, nos ilustra como um filho consegue se libertar da fixação imaginária da mãe, e a mãe não.

A mãe de Felipe, escritora, sempre sonhou que ele seria a continuidade do pai, acadêmico e cientista célebre. O filho, emperrado numa tese que não conseguia levar a cabo, enamora-se de Irene, moça da burguesia francesa. O pai de Irene, alto funcionário do ministério da Cultura, abre caminho a Felipe para ocupar um excelente cargo. O convite calhou com a decepção do "negativismo da esquerda francesa que não o conduzira a nada, que ela estava liquidada, que ele queria estar na corrida, ter contato com o mundo, agir, construir".

- "Vou deixar a Universidade. Sou ainda bastante jovem para seguir uma carreira diversa".

- "Mas não é possível! No ponto em que chegou, não vai largar não!" disse ela indignada.

- "Uma tese é uma coisa superada"... "Todavia é Irene que existe e que conta". Irene "anulou a vitória que eu havia obtido com Felipe".

- "Não, ele não me pertencia mais de modo algum"... "Felipe foi embora"... "Perdi Felipe. Já deveria ter sabido"... "Era eu que detinha sua verdade"!

- "Ele gritava: cale-se, cale-se: ... Não somos *salops* (sujos) porque recusamos compartilhar suas obstinações senis".

- "Isto basta. Eu não o verei nunca mais enquanto viva".

Irene marca uma visita, tenta conversar com ela. Inútil. Nada a demove da idealização sobre Felipe. Felipe lhe escreve uma carta, ela a reenvia ao remetente. André, o marido, com toda equanimidade, tenta demovê-la desse imaginário empedernido: "Isto está fora de proporções com o que se passou"... "Suas medidas são despropositadas" ...

"Muitas vezes Felipe havia tentado lhe telefonar. Eu desligava assim que lhe reconhecia a voz".

- "Ele tinha me deixado, traído, insultado, ridicularizado. Jamais o perdoaria"... "Nunca mais o verei e não quero que você (o pai) jamais o veja".

Felipe não desiste de seu novo ideal e não desiste da mãe: "Você tem palavras que matam... Para você, o amor, é preciso merecê-lo. Todos os meus desejos – ser aviador, ou corredor de automóvel, ou repórter, a ação, a aventura – você os tomava por caprichos. Para lhe ser agradável eu me sacrifiquei. E a primeira vez que eu não cedo você rompe comigo".

- "Não quero mais vê-lo porque desprezo sua conduta".

A luta de prestígio, a luta de egos é verdadeiramente insana, uma estupidez humana! O amor próprio trava o coração, acaba por não caber ou acolher o outro.

Tragédia: psicose

Esquizofrenia... e a paranoia grassando de todo lado, das câmeras, da polícia, da internet, da TV, da privacidade esboroada, da perversão deletéria ou da droga anulante... Todas as doenças epistemossomáticas, sobretudo com lesão de órgão, assim como as doenças autoimunes tal lúpus, psoríase, vitiligo, púrpura, parkinson, alzheimer e outras... E, atualmente, a descoberta da epigenia: marcadores genéticos, às vezes, avassaladores, explodindo gerações afora, sobretudo a partir da terceira geração. Sem falar da fascinação morbígera do fanatismo ideológico ou sobretudo religioso.

Tudo vivido num imaginário inebriante, onipresente e onipotente: "fixação", "desconhecimento e objetivação"... "opaco à reflexão"... "estrutura da paixão"... "cegueira"... "servidão voluntária"... Ego inveja fraterna, ego inveja, ego ciúmes, ego agressividade, ego agressão, ego luta de saber, ego ignorância, ego certo de certezas ou ego "da certeza demasiado certa do acerto" (Freire P.), ego repetição, ego luta de poder, ego luta de prestígio, ego exibição, ego narcíseo, ego ódio, ego paixão, ego obsessivo, ego competitivo, ego avaro, ego pródigo, ego status, ego moda, "Eu etiqueta" (Drummond), ego facebook, ego instagram, ego mercadológico, ego consumista, ego rebanho, ego coletivo, ego paranoico, ego vingança, ego ressentimento, ego rancor, ego tribunal, ego escravo do superego, ego fanático, ego enlouquecido, ego *acting out*, ego *passagem ao ato,* ego louco... "*ce moi est loin d'être faible !*" (E. I. p. 53): "esse ego está longe de ser fraco!". Sempre que me ilaqueio em a x a', com certeza, elimino o grande Outro, corto acesso ao inconsciente, privo-me de minha subjetividade. Retomando: imagine-se a impostura do analista que traduz e tem em sua cabeça "*Wo Es War sol Ich Werden*" por "onde era o Id o ego deve advir", quando Freud é bem claro quanto à tarefa ética da análise: "*onde Id era Eu devo devir*". Ele é deveras cristalino: nada de "*das Id*" nem de "*das Ich*". É-lhe questão ética da prática analítica que Eu assuma o *Id* e ordene o Ego, dissipe sua ignorância, ou fascinação "pois este ego distinguido primeiramente pelas inércias imaginárias que ele concentra frente à mensagem do inconsciente não opera senão para cobrir esse deslocamento que é o sujeito de uma resistência essencial ao discurso como tal" (E. I. p. 520).

Um imaginário limpado a serviço da sublimação, da criatividade, da invenção, do espanto, do lampejo, da obra... do novo! No processo da análise, seja do neurótico, do delirante, ou do paranoico, há um momento de sutileza clínica. O psicanalista se advertirá deste instante fecundo: o instante em que, envolvido na escuta autêntica da transferência, o neurótico ou psicótico consegue pôr em dúvida a certeza do imaginário. O benefício da dúvida é aquilo que faculta o sujeito humano. O psicanalista saberá não largar mais desse lampejo constituinte. Sempre voltará a ele como o primeiro passo na reconquista do paciente sobre o domínio da doença. Este é um momento especificamente humano, poesia, criatividade, saída, solução! Um imaginário à disposição do sujeito isento da "servidão voluntária" do ego! "O sujeito começa a análise falando dele sem lhe falar dele. Quando ele poderá falar dele, a análise estará terminada" (E.I. p. 373).

A beleza e a segurança clínica dessa afirmação só podem vir de alguém que conhece bem o que a psicanálise faz com o desmascaramento do imaginário e a conquista do inconsciente. A maior parte do sofrimento humano vem de um imaginário, intoxicado, endurecido ou idealizador. Em nenhum outro lugar, cabe tão perfeitamente a análise de *Étienne de La Boétie*: "O grão-turco percebeu bem isto: que o livro e a doutrina dão aos homens, mais que qualquer outra coisa, o sentido e o entendimento para se reconhecerem e odiar a tirania; averiguo que em suas terras ele não tem sábios; nem os quer. Ora, comumente, ficam sem efeito o bom zelo e afeição dos que apesar do tempo conservam a devoção à libertação... sob o tirano é-lhes tirada toda a liberdade de fazer, de falar e quase de pensar: todos se tornam singulares em suas fantasias"; "(...) a primeira razão porque os homens servem de bom grado é que nascem servos e são criados como tais. Desta decorre uma outra: que sob os tiranos as pessoas facilmente se tornam covardes, efeminadas" (Discurso da servidão voluntária). E não é verdade que, subservientes, somos "covardes" quando temos que abrir mão da "segurança" das imagens de nosso ego "tirano"?

Limpeza do imaginário

Como desapegar de imagens minhas, desmascará-las, desmontá-las não me tomar por elas e, sim, apenas imagens de mim? Faço a prova e comprovo o equívoco; mostro-lhe o espelho: - "Que você vê?" – "Sou eu"!... Grave terapia ou "análise" em eco a confirmar a alienação imaginária do paciente. Impostura. Imaginário x imaginário atola o paciente, o empulha. Passam-se anos, 10, 20 em "terapia" e nada avança. Os mais inteligentes: "Estou girando em roda da mesma coisa, em nada caminho"... "sempre nas mesmas intervenções sem eu progredir". "Mas se você estava há anos com sua terapeuta, o que leva você a me procurar?" "Porque nosso relacionamento virou chá da tarde: eu falo de meus problemas e ela fala dos dela". Muitos casos de 10, 15, 20 anos de pacientes supostamente em "análise", cujo núcleo patógeno sequer foi tocado. A vã e inútil "retificação" do par imaginário. Caminho aberto à loucura ou à cronificação (neurótica ou psicótica).

Se o infantil é a estrutura básica de todo sujeito humano, a psicanálise permite que, ao em vez de ser vítima dele e cumprir não raro um infeliz destino (τυχή) que não pediu para ter, o sujeito quebre essa facticidade, se livre dessa dependência e viva a alegria de responder pelo desejo próprio assim como conquiste paz de uma existência liberta. É muito duro passar uma vida dividida entre realizar o desejo da mãe ("menino/a da mãe" ou "menina/o do pai") e dar conta da própria existência (homem da lide), sobretudo se considerarmos que a energia da pulsão é uma só: nesses dois fins simultâneos, ela se delapida em dialética exaustiva. Ainda bem que, na crise da andropausa ou da menopausa, infalivelmente, a conta acaba chegando. Será aproveitada ou a escravidão continuará?

De outro lado, é uma verdadeira delícia poder trabalhar com um "saber que não se sabe". O psicanalista lacaniano vive numa "*acese*" (Lacan) contínua, com o desconfiômetro do ego jamais desligado. Ele sabe que precisa estar sempre atento às suas fraquezas e às suas ilusões e às elações imaginárias. É até conforto uma prática em que não é meu saber que tem que dar conta e, sim, o saber que porta o sujeito. Resgatar esse saber... que aventura prazerosa e libertadora para analisando e analista. A aletheia só surge mediante o terceiro interposto.

É questão ética fechada se ater à história e à escuta do paciente, e limpar o imaginário de tudo aquilo que intervenha assombrar essa escuta: simplesmente, inapelavelmente eliminar "as miragens narcíseas que dominam a relação ao outro de seu ego" (E. I. p. 317). "Portanto, se a condição ideal se impõe para o analista que as miragens do narcisismo se lhe tenham tornado transparentes é para que ele seja permeável à palavra autêntica do outro do qual se trata agora de compreender como ele a pode reconhecer através de seu discurso." (E. I. p. 352) ... "É na medida em que o psicanalista faz calar nele o discurso **intermediário** para se abrir à cadeia das verdadeiras palavras, que ele pode aí colocar sua interpretação reveladora" (E. I. p. 352).

No excelente resumo da psicanálise *Televisão*, tão pouco lido pelos psicanalistas, como, aliás, seus *Escritos*, Lacan chega a especificar de maneira radical esse despojamento do imaginário do psicanalista: "Vamos, pois ao psicanalista e sem rodeios". Ele fala do santo, aquele que zomba do gozo. Isto é, aquele que desistiu definitivamente de buscar o reconhecimento da imagem que construiu de si, aquele que desceu do imaginário, vive a convicção de suas limitações, erros e fracassos, como está convicto de que são suas obras que contam e é por elas que o reconhecimento verdadeiro pode vir. "Eu cogito perdidamente, afirma Lacan, para que haja novos santos assim. Certamente é por eu não atingir isso".

O psicanalista lacaniano vive a rendição de que o que conta é o saber do inconsciente, o saber do Outro. Diante de cada paciente: "todo ser humano é um mistério" (Lacan), a pergunta intrigante: como criar uma nova psicanálise, exclusivamente a dele? Como "decifrar" um novo saber? Aqui vem a propósito a palavra de Fernando Pessoa: "conhecimento é ignorância de não saber".

Tão convicto de seu desejo como, sobretudo de dele "não ceder", cuspido na cara, ciente da ilusão egoica especular, já desiludido de se trocar pela imagem sua em seu imaginário, livre de buscar o reconhecimento de si, sobretudo nessa imagem, firme em seu propósito de desejo advertido, limpa-se: "isso é para mim, agora a ajuda para meus pobres". Quanto mais o paciente projeta no psicanalista, quanto mais multiplica suas demandas ($◊D), mais o psicanalista se recolhe, pois sabe que a resposta não está nele, radicalmente corta-se do "abuso" e da "impostura".

"O Santo é o refugo do gozo": "*Le saint est le rebut de la jouissance*" (*Télévision*) porque a "falta-para-ser" incorporou-se a seu ser. "Não há senão o santo que fica à seca e neca consigo". O santo "sabe" na prática que "o desejo é metonímia da falta-para-ser" (E. I. p. 623). O psicanalista sabe, por experiência, e a psicanálise é, por essência, uma experiência do inconsciente, que o $ujeito humano não se constitui senão pela "falta-para-ser". "Só os santos são bastante desapegados da mais profunda das paixões comuns para evitar os contragolpes agressivos da caridade" (E. I. p. 107). Freud se refere duas vezes a santo. No Mal-Estar da Civilização Freud se refere a São Francisco de Assis: "é talvez aquele que foi mais longe nessa via, via que conduz à utilização completa do amor aos fins dos sentimentos de felicidade interior" (P. 53). Via da renúncia, da sublimação. O santo sabe que o gozo é mortífero, pois ele simplesmente estanca a possibilidade da realização do desejo. Sob o gozo o sujeito não produz, ele é pura "vontade de gozo" (Lacan), ele se exaure. "Essa 'substancialização' do objeto abole a condição desejante do 'a-viciado'[10], sua prudência e tolerância" (Aurélio Souza, p. 165). A entrega ao gozo, o gozo é fulminante.

O a-viciado, ao amarrar aí seu gozo, barra a circulação austral de seus outros objetos-a. "Nos discursos radicais, o saber quando ocupa esse lugar ("outro significante") constitui se como uma dádiva do Pai

[10] "a-viciado" é ao psicanalista, arguto e perspicaz Aurélio Souza que devemos essa sacada genial. Ele, ao ouvir o linguajar caboclo de um funcionário, ligou "aviciado" àquilo que trava o sujeito na dependência: "a"-viciado e o impede de ser um sujeito de desejo, movido apenas pela "vontade de gozo", contribuição inestimável: o discurso do a-viciado acrescentado aos quatro discursos na psicanálise e ao discurso capitalista é um excelente avanço epistêmico para a teoria e a clínica da psicanálise – Os Discursos na Psicanálise – A. Souza, Companhia de Freud – 2003, p. 159.

que vem causar no sujeito uma ordenação, uma regulação do gozo ou mesmo uma intimação de uma renúncia do gozo". Ao passo que "desde que o a-viciado não tem assegurado uma renúncia ao gozo, modifica-se sua própria identidade de sujeito". Priva-se do saber atribuído ao Pai e é capturado na pulsão solta, "procura estender cada vez mais seus limites, à espera de algo que na realidade possa detê-lo em sua direção ao gozo" (pg. 155) (id.ib.). Essa atração irresistível do a-viciado é fixação no a, "fissura". Este gozo Lacan chama podre. Apodrece a sublimação. Não há mais obra. Não é mais um ser de desejo é um vivente atolado na vontade de gozo, explorando até as últimas consequências as virtualidades físicas e fisiológicas de um corpo que recebeu de graça. Até a exaustão. Não há mais sujeito.

O drogado embebido do gozo químico tem duas saídas: morte física por overdose ou morte psíquica por uma loucura irreversível. Raramente a remissão.

E o psicanalista só o é mergulhado, embebido na "falta-para-ser" psicanalista diante do paciente que o constitui psicanalista. Só e unicamente *a posteriori*. A aletheia não seria aletheia se assim não fosse, isto é, só se revela a partir da falta-para-ser.

O analista lacaniano vive o despojamento radical de se tomar e ser pelo imaginário: "A morte tudo confere... O limite da função histórica do sujeito... Esse limite é a morte, não como vencimento eventual da vida do sujeito, mas segundo a fórmula que dá Heidegger como "*possibilidade, absolutamente própria, incondicional, certa e, como tal, indeterminada do sujeito*", entendemo-lo do sujeito definido em sua historicidade" (E. I. p. 318). A vivência ininterrupta dessa "possibilidade" é a condição da verdadeira escuta analítica. Aquela que está à disposição da aletheia. "Para que a relação de transferência possa desde então escapar a esses efeitos ("prestígios do narcisismo") seria necessário que o psicanalista tenha despojado a imagem narcísea de seu ego de todas as formas de desejo nas quais ela se constituiu para a reduzir à única figura que, sob suas máscaras, a sustenta: aquela do mestre absoluto, a morte" (E. I. p. 348). "O instinto de morte é a pedra de toque" (Lacan). O desnudamento do ego como objetivo último da psicanálise, como fim de uma psicanálise, é "a subjetivação de sua morte". Diante dessa consciência "apropriada" (Heidegger) "como possibilidade certa" e, ao mesmo tempo, "incondicional e indeterminada" que resta ao sujeito senão despegar-se de qualquer veleidade ou pretensão egoica? A verdade está sempre alhures. "A maior riqueza do homem é sua incompletude. Nesse ponto sou abastado", declarava Manoel de Barros em 1998.

"E este seria o fim exigível para o ego do analista, de quem se pode dizer que não se deve conhecer senão o prestígio de um único mestre: a morte, para que a vida que ele deve guiar através de tantos destinos, lhe seja amiga". E a "ascese" lacaniana: "...todo saber objetivo estará cada vez mais em estado de suspensão"... Nada saber "senão que é um ser prometido à morte"... "Desde então, supondo que tenha reduzido todos os prestígios de seu ego para ter acesso ao ser-para-a morte, nenhum saber que seja imediato ou construído pode ter sua preferência para que faça disso um poder se é que ele não é abolido por isso" (E. I. p. 349). Lacan apela à tora para simbolizar esse processo porquanto "sua exterioridade periférica e sua exterioridade central não constituem senão uma única região". E ele desce à solidão do analista: "Este esquema satisfaz à circularidade sem fim do processo dialético que se produz quando o sujeito realiza sua solidão, seja na ambiguidade vital do desejo imediato, seja na plena assunção de seu ser-para-a-morte" (E. I. p. 321). Se "a castração é o limite do normal ou do anormal" (Lacan), o sujeito, sobretudo o analista, rendido a "essa possibilidade absolutamente própria, incondicional, certa", desmascarará ininterruptamente as ilusões imaginárias de seu ego e, como sujeito de "desejo esclarecido", poderá se colocar à escuta do outro. E o Outro, cuja única voz interessa ouvir, estará à disposição de ambos. A escuta do paciente é diretamente proporcional ao desapego do imaginário. A diferença entre um sujeito analisado e outro não analisado consiste na eliminação da busca de reconhecimento e o reconhecimento de sua nudez: "*sicut pallea*". É a definição copiada por Lacan para significar o lugar que deve ocupar o psicanalista: "como palha" – Assim escreveu Tomás de Aquino sobre sua grande obra filosófico-teológica.

Penso que podemos entender a célebre "travessia do fantasma" como a conquista desse despojamento "dos prestígios do narcisismo" ou como a rendição incondicional à falta-para-ser e a entrega à consciência esclarecida de um ser-para-a morte: "senão um ser prometido à morte", o desapego radical do amor próprio, das ilusões imaginárias e a convicção inabalável de que só a obra conta. Nesse despojamento do ego, o sujeito corta radicalmente toda "servidão voluntária" ao imaginário e o obriga a estar à disposição dele para a contínua criação e inventividade. Fosforescências, ouropéis e paetês do ego viraram poeira e a poeira se dissipou ao longo da estrada. Nenhuma relação dual ou todas sob suspeição. A flecha de A sempre interceptando o x de a x a'. Mas isso jamais é obra acabada, é faxina convicta e constante. Resumindo: o ego definitivamente deixa de ser o *Ichlust, o ego – prazer,* alimentado sempre pela reversibilidade da libido, cessa sua captação e escancara sua verdadeira face de miragem.

Se na escuta dos sintomas da neurose, nos valermos da riqueza da descoberta do significante ("unidade de ser única" Lacan E. I. p. 24) e dos três registros que em todo momento da clínica psicanalítica se constituem em bússola para entender que águas psicanalista e paciente singram, S/s, f(S) I/s, metáfora ("condensação") e metonímia ("deslocamento"), $\$\lozenge a$, $\$\lozenge D$, algoritmos balizadores em direção à aletheia, na psicose passa-se algo mais radical. Delírio, paranoia são significantes cujo registro nem o paciente tem: o que floresce no simbólico ou no imaginário do paciente consiste naquilo que foi rejeitado no simbólico e se mostra no real. Delírio ou alucinação são significantes de um vazio, de uma falha de registro. E esses significantes representam o sujeito para outros significantes que testemunharam esse desmoronamento dele.

Na neurose, há uma certeza antecipada: recalcado e sintoma são da mesma têmpera, duas faces de uma mesma moeda, e o significante embalado em outro carreia o sujeito. Na psicose, o significante também é certeza antecipada de um sujeito que sofreu um arrombamento numa das cadeias de sua história, é um significante (delírio ou alucinação) de um buraco, de um abismo, de uma falha. Esse significante é sem dialética, é metáfora coagulada.

Psicose

Na neurose o mecanismo operador da patologia é a *Verdrängung*, o recalque, e na psicose, a *Verwerfung*, foraclusão. Foi Lacan que pinçou em Freud esse mecanismo por ele mencionado como "rejeição" na alucinação do dedo "cortado" do Homem dos Lobos e no Homem dos Ratos: *Eine Verdrängung ist etwas, anderes als a eine Verwerfung*: "um recalque é algo outro que uma foraclusão".

Na foraclusão, simplesmente não há uma *Bejahung*, "origem da simbolização", uma afirmação primitiva de existência e, por isso mesmo, não há possibilidade da *Austossung*, de uma expulsão metafórica.

A foraclusão está relacionada à castração: "Ele (o Homem dos Lobos) a rejeitou e se ateve ao *statu quo* do comércio pelo anus. Quando eu digo: ele a rejeitou, o sentido imediato dessa expressão é que nada quis ele saber no sentido do recalque. Por aí pode-se dizer que propriamente *nenhum julgamento de sua existência foi produzido*, mas foi também como se ela não tivesse jamais existido". E Freud exclui o mecanismo de projeção: "Reconhecemos muito antes que o que foi abolido no interior volta do exterior". Importante: ... "nenhum julgamento de sua existência foi produzido" e "o que foi abolido no interior volta do exterior".

A psicose é um trauma, um acidente no percurso da existência. Lacan, na mesma esteira de Freud: "Para que uma psicose se desencadeie, é necessário que o Nome-do-Pai, *verworfen*, foracluído, isto é, jamais vindo no lugar do *Outro* seja aí apelado em oposição simbólica ao sujeito. É a falha do Nome-do-Pai nesse lugar que, por um buraco que ele abre no significado, enceta a cascata de remanejamentos do significante donde procede o desastre crescente do imaginário, até que seja atingido o nível em que significante e significado se estabilizam na metáfora delirante" (E. I. p. 577). "Metáfora delirante" de que significante se o que aparece no real foi rejeitado no simbólico? Sim, metáfora de um furo, de um buraco, de um vazio! "Rejeição de um significante primordial".

O Nome-do-Pai, Lacan o tirou às Escrituras, é um significante, um operador simbólico como o Grande Outro: "**É o pai a título de sua função simbólica de castração**". Lacan escapa à referência de um pai concreto, e descobre esse significante ternário, universal e estruturante, que, na conjuntura de mãe e filho, opera a castração do filho, separando-o de sua mãe, colocando-o na linhagem familiar (em o nomeando) e, castrado da ilusão de ser o *fálus* faltante da mãe ou objeto do desejo dela, abre-o à possibilidade de realização de seu desejo próprio. Portanto, trata-se de uma **função**, função essencial do pai, intransferível, que "estrutura nossa ordenação psíquica na qualidade de sujeitos" e "propicia ao sujeito um espaço de identidade sexual".

Essa operação, Nome-do-Pai (A/fálus), castra o filho da relação dual com a mãe e o abre à relação ternária do simbólico, facultando que ele passe a se ver e se sentir terceiro, e a se servir da linguagem, que o nomeia "fulano de tal". O Nome-do-Pai é o operador que não pode falhar na simbolização do real. Caso falhe, um abismo se abre na cadeia dos significantes inconscientes, um "buraco" impreenchível se instala sem possibilidade de ser significado... "a psicose onde com a realidade exterior num momento há um buraco, ruptura, rasgo, hiância" (S.III p. 56).

Lacan prossegue: "Mas como o Nome-do-Pai pode ser apelado pelo sujeito no único lugar donde ele tinha podido advir e onde ele jamais esteve? Por nada outro que por um pai real, em absoluto não forçosamente pelo pai do sujeito, por **Um**-pai" (E. I. p.577). E acrescenta: "Ainda é necessário que esse **Um**-pai venha a esse lugar onde o sujeito não o pôde apelar anteriormente". Esse é o segredo da escuta analítica da psicose: o psicanalista facultar a presentificação desse **Um**-pai, psicanalista seja homem ou mulher. Mas isso desde que não receie de delirar ou alucinar com o paciente. "Que é o fenômeno psicótico? É a emergência na realidade de uma significação enorme que não tem aparência de nada – e isso porquanto não a podemos religar a nada, já que ela jamais entrou no sistema da simbolização – mas que pode, em certas condições ameaçar todo o edifício" (S. III p. 99).

Portanto, a foraclusão ocorre "quando um significante não vem se apresentar ao apelo... ela remete à ideia de um não advento à ordem desse registro simbólico" (Dor J. p. 123). A foraclusão é o impossível de ser nomeado, ela testifica a ausência de um objeto-a. Lacan prossegue: "Tentemos conceber agora uma circunstância da posição subjetiva onde, ao apelo do Nome-do-Pai, responde, não a ausência do pai real, pois que essa ausência é mais que compatível com a presença do significante, mas à carência do próprio significante" (E. I. p. 557).

Joël D'or assim comenta esse texto: "De fato, por quanto a foraclusão seja justificável de tal eficácia, é necessário que ela assente sobre o significante Nome-do-Pai. É somente quando o significante Nome-do-Pai é foracluído que o recalque original é colocado em xeque, o qual neutraliza a vinda da metáfora paterna. Esse processo metafórico não advindo segue que o acesso ao simbólico fica gravemente comprometido para a criança. Em tais condições, todo registro novo da economia do desejo é-lhe barrada. Ficando assujeitada a uma relação arcaica com a mãe, ela continua a se constituir como seu único e sozinho objeto de desejo, é como seu fálus"... A foraclusão do Nome-do-Pai "como processo indutor das psicoses é colocar o assento sobre o fato da impossibilidade em que se acha a criança de poder se referir ao pai simbólico" (id.ib. p. 124), que o libertaria dessa condição frente à mãe.

Se o pai simbólico não acode à criança nesse momento crítico, significa que o pai real falhou na função paterna, não propiciou no momento "fecundo", a "qualidade e o lugar" do Nome-do-Pai. Mas como uma mãe pode barrar o pai real a ponto de que a criança não tenha acesso ao pai simbólico? Lacan explicita: "Aquilo sobre o qual devemos insistir, é que não é unicamente da maneira como a mãe se acomoda com a pessoa do pai que conviria se ocupar, mas do caso que ela faz de sua palavra, digamos o termo, de sua autoridade, dito outramente do lugar que ela reserva ao Nome-do-Pai na promoção da Lei" (E. I. p. 579). Portanto o Nome-do-Pai é foracluído quando este significante é negado no discurso da mãe: "a reverência da mãe é aí tida por decisiva" (E. I. p. 578).

Joël D'or, na sequência de Maud Mannoni e outros colegas comenta: "Um dos sinais precursores... de *potencialidades psicotizantes* concerne principalmente ao investimento materno nas crianças ao redor do problema de seu nascimento. É clinicamente manifesto que um sujeito psicótico foi, na maior parte do tempo, investido por sua mãe **antes** de seu nascimento, de uma maneira especificamente verificável. É, pois, no investimento materno fantasmático da criança que já é possível reparar certos índices significativos da potencialidade das incidências psicóticas" (D'OR J. p. 125/6). Isto revela a importância de uma anamnese bem feita, a mais profunda possível. Que intenções, que tensões ou preocupações assediaram os pais mesmo antes de se conhecerem ou precisamente antes da concepção do filho? Fundamental: como se tramou o drama edípico? É por isso que não se pode nem pensar em análise sem os alicerces do Estádio do Espelho. Nada mais coerente, pois que a psicanálise cuide da existência do sujeito não de sua essência.

A loucura, *Verwerfung*, se deve à matriz de um vazio que poderá ser ou não ativado. É impressionante a posição de Freud e de Lacan quanto à loucura consistir numa questão de linguagem que resultou numa teoria lúcida, senão a mais segura e satisfatória. Melhor, confere que ela dimana da prática clínica e, vice-versa, a sustenta fecundamente. Mais uma vez: "se o homem fala é porque a linguagem o fez homem", para o bem-estar, para o sofrimento.

Conclusão: "Esta hipótese metapsicológica permite, aliás, que se proponha uma orientação coerente nas estratégias terapêuticas, no sentido de uma restauração da inserção falha do sujeito no simbólico. Sob esse ponto de vista, e apenas este, o conceito de foraclusão do Nome-do-Pai constitui um epicentro metapsicológico heurístico e fecundo. O significante Nome-do-Pai não é um significante particular. Ele é só um significante primordial na medida em que num dado momento, vem ocupar um lugar de destaque. Enquanto tal ele nunca é predeterminado antecipadamente... é um significante qualquer que virá ocupar este lugar decisivo. Nesse sentido, Lacan o formulou várias vezes - os significantes Nome-do-Pai são múltiplos" (J. D'OR).

Toda a pesquisa genética não resultou em nada: "nunca foi encontrado o gene da esquizofrenia e não por falta de procura. Nada menos que 108 trechos de DNA já foram implicados na doença, mas quase nada se sabe sobre suas combinações e os fatores ambientais capazes de desencadeá-la" (Marcelo Leite – FOLHA DE S. PAULO 24/07/2016)[11]. Por sua vez, a epigenética – codificação do gene por marcadores da história familiar

[11] Vide Mukherjee S. – The Gene - Simon & Shuster - e-book Amazon

– tem-se comprovado de excelente utilidade clínica. E isto porque o ser humano fala, e o gene é inteligente e "escuta"! Em geral, os marcadores aparecem na terceira geração. Acabam por ressuscitar características familiares desde tiques até doenças graves, físicas e/ou psíquicas. Essa descoberta da genética atual se comprova de grande utilidade clínica. Já na anamnese bem conduzida, traços epigenéticos podem ser detectados. Trabalhados na associação livre, analisados, esses significantes impositivos acabam-se elucidando. O analista atento à escuta do sujeito muito pode ajudar o paciente a se libertar desse destino, não raro funesto.

Todo ser humano surge de um homem e de uma mulher. Ao vir à existência, ele tem uma mãe e um pai. A função da mãe não dá conta da função paterna e esta, por sua vez, não dá conta da função materna. Essas funções exercidas em seus limites e no respeito mútuo produzem a subjetivação benéfica da criança, menina ou menino. A falha numa dessas funções ou a invasão na função do outro, sobretudo achando que pode substitui-la, cria um desequilíbrio morbígeno, gerador de potencialidades patológicas.

Uma questão clínica instigante: "que sujeitos serão crianças adotadas por parceiros homossexuais"? Ainda é cedo, mas trata-se de uma questão intrigante para a psicanálise. Que identidade terão essas crianças? Que sofrimentos as atormentarão? Que lugar ocuparão na convivência com os que cresceram com pai e mãe?

É de máxima importância, senão decisivo, a posição da mãe. Lacan privilegia a função materna de maneira historicamente não reconhecida: ele reconhece à mulher uma dignidade que pouco foi levada em conta na evolução da subjetividade do ser humano. Este reconhecimento vem fundado na clínica. Se o Nome-do-Pai é essencial à castração do sujeito humano, não menos essencial é a castração da mãe em relação ao filho. O equilíbrio nessas funções é que permite a liberdade subjetiva da criança e lhe abre porta para a exploraçao de suas virtualidades na inserçao da cultura. Isto é, usufruir de um lugar terceiro, liberta-a da relação dual, complexo de inúmeras patologias, por vezes psiquicamente mortíferas, não fosse senão numa identificação subjetiva ambivalente, como acontece na identificação homossexual.

A Escuta do Louco

Primeiro, não há como não considerar que a loucura faz parte da existência humana: "Pois o risco da loucura se mede pela atração mesma das identificações em que o homem engaja ao mesmo tempo sua **verdade** e seu **ser**. Portanto longe de que a loucura seja o fato contingente das fragilidades de seu organismo, ela é a **virtualidade** permanente de uma falha aberta em sua essência. Longe de ser ""“um insulto" para a sua liberdade, ela é a mais fiel companheira, ela segue seu movimento como uma sombra. E o ser do homem, não somente não pode ser compreendido sem a loucura, como ele não seria o ser do homem se não portasse nele a loucura como o limite de sua liberdade" (E. I. p. 176).

Por que não encarar o supra exposto como declaratório da loucura, contingência do humano existir? O risco da loucura: engajamento de "sua verdade e de seu ser", "virtualidade permanente de uma falha aberta de seu ser"; "a mais fiel companheira", "não seria o ser do homem se não portasse nele a loucura como limite de sua liberdade". Se assim é, por que conter o louco, conter a loucura, abafar o delírio ativo, "prevenir" as crises com impregnação aviltante? Imbecilizante? A iatrogenia hodierna, em grande parte da medicina, está por conta da psiquiatria e de "medicamentos" que enfraquecem ou anulam o sujeito. O DSM, hoje o V, é um convite à fragilidade do existir: "Fez-se acreditar que a 'saúde' deveria tornar-se um bem consumível e esqueceu-se que um certo 'mal existencial' é inerente a todo percurso 'vivo'. O saber do especialista substituiu a sabedoria popular e todo 'desespero' passou a ser logo infalivelmente 'medicalizado'" (Mannoni, M. id.ib. p. 106). Fernando Pessoa convivia com sua loucura: "Eu sou um internado num manicômio – sem manicômio – é este estar entre" (F. Pessoa). A literatura, a produção literária constante, garantiu-lhe safar-se da psicose.

Por que não acolher o louco e sua loucura? Se o único jeito de que ele dispõe para nos falar é o delírio, a alucinação, por que não se afinar com sua linguagem, por que não o escutar na única mensagem que fala de seu sofrimento? "Colocar em valor na psicose fenômenos da linguagem é para nós o mais fecundo dos ensinamentos" (S.III p. 164). Diante de uma contingência psiquicamente mortífera, como acolher "o que foi negado no simbólico" e explode "no real"? Se está aí, escancarada, a verdade de seu sofrimento, então, em vez de se abrir a ela, por que abafá-la quimicamente? O psiquiatra tem medo de acolher a loucura, ela mexe com nossa loucura pessoal, e aí ele usa o escudo químico para se defender: "O psiquiatra sempre interpõe alguma coisa entre ele e o paciente" (J. Lacan, *Meu Ensino*). Move-o o *furor curandi*.

O psiquiatra que assim age "condena" o paciente porque considera que a mente dele deveria estar regida pela lógica formal ou aristotélica, quando o segredo seria se abrir à lógica própria à loucura daquele paciente, oriunda de sua história pessoal. Mas, para que essa lógica emerja, é preciso suportar e acolher o delírio, a alucinação... até que a aletheia que embutem venha à luz do simbólico: "falta de que o médico, tal como aquele que opõe ao louco que o que ele diz não é verdadeiro, não divaga menos que o próprio louco" (Lacan E. I. p. 177). Para a maior parte dos psiquiatras, vale a sentença do psiquiatra francês Henri Ey: "nesta frase terminal, cujo acento produz um som singularmente passional: as doenças mentais são insultos e entraves à liberdade, elas não são causadas pela atividade livre, isto é puramente psicogenéticas" (E. I. p. 157).

O louco, em geral, não perde totalmente o real. Ele sabe como o outro lida com ele, ele percebe perfeitamente se é respeitado em seu sofrimento, se é levado a sério em sua particularidade histórica, como percebe logo quando é encarado de fora e classificado com uma etiqueta. E o "diagnóstico", não raro, mergulha-o num sofrimento mais atroz ainda. Vê-se em desamparo maior causado por aquele de quem poderia receber uma ajuda. Ele percebe bem que, ao renovar a receita sem sequer ouvi-lo, o psiquiatra age como servo das farmacêuticas, um autômato, com desprezo pelo seu sofrimento, selando que a "doença" dele acaba sem saída. Relação perniciosa, oposta à tradicional vocação médica. Diagnosticado, o paciente passa a usar o rótulo. Em seu imaginário, põe-se a viver apavorado com o carimbo e com o que o carimbo acarreta subjetivamente e socialmente, e esquece-se dele mesmo, da história pessoal. Prisioneiro desse imaginário, sequer suspeita que a cura pode estar em sua mão, se devidamente ajudado. Ele não é mais ele, ele é a etiqueta. Mergulha a família na Internet, e aí o pior pode acontecer.

Por isso o primeiro passo na escuta do louco é o mesmo da escuta do neurótico. Já na primeira consulta, numa anamnese bem feita, o neurótico ou o psicótico percebe perfeitamente se quem o atende é um psicanalista "suposto saber" ou um saber que sabe sobre sua doença e sobre ele doente. E é nesse preciso instante que a transferência ocorre. E, sabemos, é certamente ela que decide do tratamento. Ela, objeto-a deste feliz momento, garantirá o encontro ou a redescoberta do sujeito. Ela é a auspiciosa "τυχή" do analisando e do psicanalista. O resto segue.

O doente, sobretudo o psicótico (em geral muito inteligente), tem uma percepção refinada sobre a maneira com que o médico ou o terapeuta o trata. Assim, quando o médico estampa medo, o psicótico fica desesperado. A ausência do Nome-do-Pai, representada nessa atitude do terapeuta neste momento, precipita-o numa angústia abissal. Não raro a passagem ao ato é a única saída que lhe resta.

Então partamos de outra posição fundamental: "Não se torna louco quem quer" (E. I. p. 176): diante do "insuportável real", é ao sujeito a única saída que se apresenta: uma "saída de saúde" (MANNONI M.), de sobrevivência. "É num acidente desse registro e daquilo que aí se cumpre, a saber, a foraclusão do Nome-do-Pai no lugar do Outro e no fracasso da metáfora paterna que nós designamos a falha que dá à psicose sua condição essencial, com a estrutura que a separa da neurose" (E. I. p. 575).

Ninguém escolhe o pai e a mãe como nem esta, nem aquele escolhem o filho, mas o filho tem com certeza que arcar com as consequências de ter nascido de seus pais. O filho responderá a uma *τυχή* (destino marcado) determinante, mesmo antes de ser concebido: "O drama a que somos remetidos, escreve Mannoni, não é a doença da criança e, sim, o drama de existir para os pais" e "é como objeto faltante ao outro que a criança e pais se afirmam" (M. MANNONI). Pais normais por certo não desejam conscientemente um filho doente, mas a humana fragilidade acaba por produzi-lo. Eis por que, evidentemente, não há como exercer a psicanálise fora da dialética édipo x castração. "É bem nisto que o complexo de édipo enquanto o reconhecemos sempre para cobrir com sua significação o campo inteiro de nossa experiência, será dito, em nosso propósito, marca ele os limites que nossa disciplina confere à subjetividade, a saber, o que o sujeito pode conhecer de sua participação inconsciente no movimento das estruturas complexas da aliança" (E. I. p. 277).

A abrangência, a profundidade e a precisão deste texto atinge a essência da prática da psicanálise. "O complexo de édipo" cobre "o campo **inteiro** de nossa experiência". Ele "marca os limites que nossa disciplina confere à subjetividade". Ou seja, o sujeito só pode ser sujeito na medida em que "conhecer sua participação INCONSCIENTE no movimento das estruturas complexas da aliança". Fora disso não existe prática de psicanálise. Não se alcança o sujeito da enunciação. É por isso que Freud, ousou dizer: "*kern unseres Wesen*", "cerne de nosso ser". Embora inacreditável, há hoje psicanalistas que afirmam: "o complexo de édipo já não funciona em nosso tempo"!! "O édipo já não dá conta", dizia-me uma psicanalista. Há um equívoco nessa afirmativa, pois édipo é de estrutura, não há como escapar dele. O que está a fraquejar ou a não funcionar é a castração, condição *sine qua non* do acesso ao desejo. Por privação dela, o homem pós-moderno é um ser perdido num narcisismo hipertrofiado, seu ego virou um balão a transportá-lo em flutuações imaginárias, essa criatura chafurdada no consumismo e no gozo desenfreado, embevecida em selfies sem fim. A função paterna está doente, diante das precipitações das mutações contemporâneas. Mas o equilíbrio tem que ser buscado. A psicanálise competentemente está aí para isso. De resto, ele necessariamente virá.

Primeiramente, há algo evidente do ponto de vista clínico: quanto mais cedo o analista receber o paciente maior probabilidade de aliviar o sofrimento e impedir que a psicose avance. Já nos pródromos, acolhido, escutado em sua derrelicção na transferência ele sentirá que está apoiado em sua dor existencial. Esta acolhida é grande benefício para seu sofrimento não crescer.

Outro princípio fundamental: "*hypotheses non fingo*" (Lacan J.), "não finjo hipóteses". Trabalho exclusiva e disciplinarmente com os significantes do discurso ou do delírio do paciente: "*Sua res agitur*" (Lacan J.), trata-se da "coisa dele", nada de rótulo ou suposições de meu imaginário. "*Je ne cherche pas, je trouve*", "eu não procuro, eu acho", copiou

Lacan de Pablo Picasso. Varredura severa do imaginário. Classificar um paciente como esquizofrênico ou paranoico, além de não ser difícil, de pouco serve. O difícil é: que esquizofrênico é este fulano de tal? Em sua subjetividade, em que foge à vala comum da nosografia? É nisso que os três registros lacanianos nos acodem proficuamente. Que nosologia ele nos ensina?

Outra direção da escuta, essa lógica: "o que foi rejeitado no simbólico aparece no real". É certeza antecipada, significante a sinalizar a origem do foracluído, jamais encontrável. Real aqui, evidentemente, real da realidade material (*Wieklichkeit*) que oculta e "revela" (aletheia!) a realidade psíquica (*Realität*) (Freud). A psicanálise trabalha com o real. O real é aquilo que emerge nas manifestações do inconsciente, precisamente nos significantes que portam estas manifestações. Isso é fundamental, pois "o real é o racional", e Lacan: "o racional é o real". Na psicose o real se manifesta no simbólico como uma falha, um vazio, uma vaga numa rede inconsciente do paciente. Delírio, paranoia, alucinação são simbólicos de um real que não pôde ser registrado na cadeia inconsciente. O segredo do tratamento das manifestações da loucura consiste em mergulhar na história do sujeito (facticidade) e entender o "momento fecundo" em que ela se implantou. Na medida que o paciente se sente seguro na escuta do analista, acalentado na química da transferência, lentamente as fixações imaginárias ou simbólicas vão cedendo na cadência da introdução do grande Outro. Essa desconstrução do imaginário ou do simbólico coagulados vai dando abertura para o sujeito se implantar no real, real do corpo, real da família, real da sociedade, real de seus compromissos existenciais. Enfim o real da cura.

O paranoico, perdido em seu imaginário, toma seu ego por sujeito e mantém-se numa certeza absoluta, dialogando a com a'. Numa relação especular sem mediação do grande Outro, em si mesma-se numa angústia abissal, sempre mais enroscado em seu solipsismo desesperante. Aqui, real e simbólico fenecem diante do domínio despótico do imaginário engessado.

A paciente, ao sair de seu trabalho, vê-se rodeada de motoqueiros e, num repente fulminante, assalta seu imaginário a certeza de que eles estão a persegui-la. Desesperada, chama pelo marido, vai para a casa, mas não consegue mais voltar ao trabalho. Guarda, policiais, rondam-na querendo pegá-la. Na casa dela, montada pelo vizinho, câmeras a vigiam vinte e quatro horas. As câmeras traspassam paredes.

Ela não consegue tirar a roupa, tomar banho, precisa da companhia do marido. Nem mesmo se deitar na cama: dorme encurvada atrás de uma porta. As câmaras não dão sossego, são-lhe tormento insuportável. Desassossego que não cessa.

A psiquiatra a impregna; chega ao meu consultório seis anos após essa catástrofe imaginária babando, discinésica, tremendo de corpo todo. Mergulho na paranoia dela e inicio-me na viagem de sua loucura. Ela se queixa da psiquiatra e dos terapeutas: "eles dizem que é imaginação minha, eles não acreditam que é verdade". E é aí que embarquei: "o que é negado no simbólico aparece no real", nada menos que a VERDADE dela. E assim nós dois descobrimos que o que a rodeava foi o pai que, dos 6 aos 13 anos, todos os sábados, quando a mãe saía à feira, ia à cama dela, "rodeava-a" com seu braço, conduzia-a ao leito conjugal, despia-a e fazia que o bulinasse enquanto ele fazia o mesmo em seu clitóris. Foi em vão contar à mãe; esta: "você está sonhando, larga de besteira". Provavelmente foi nesse instante que algo abissal, sem um significante provindo da mãe para ampará-la, um "buraco" ou uma "falha" deixou em aberto a *potencialidade psicotizante* que um dia veio a explodir: "Tudo depende do caso que a mãe faz da palavra do pai" ou dos gestos e atitudes... "Esse momento fecundo é sempre sensível ao início de uma psicose" (S.III. p. 26).

Descoberto o insuportável na ligação da cadeia de significantes de seu "Historisch" (Freud), devagar, muito devagar, ela refaz seu caminho de sujeito, a começar pelas coisas da vida cotidiana, retomando seu corpo, apoderando-se de seu desejo. Através dela, eu pedia à psiquiatra que não a impregnasse com a maldita injeção mensal. A resposta era sempre a mesma: "Você precisa tomar a medicação para evitar a crise. Além do mais, seu psicanalista não é médico" (sic). E este é um dos motivos fundamentais que permite ao psicanalista não médico eliminar o "discurso intermediário" e o tapume ou o escudo da medicação: acolher na íntegra o sofrimento do paciente e possibilitar-lhe a leitura da causa de seu sofrer.

A luta de prestígio leva no mínimo à insensatez, mas no caso quem paga é a paciente. Essa paciente escapará do abismo sem saída da cronificação? Diagnóstico sombrio!

Outra é a estrutura psíquica do delirante: o simbólico disparado no automatismo do delírio se hipertrofia e rouba o choque benfazejo do imaginário e do real. O psicanalista estará atento ao menor vislumbre da quebra da onipotência delirante, e sua presença e sua palavra amarrarão daí para frente a volta do sujeito para o imaginário e para o real. Lacan escande esse lampejo em três movimentos que assim releio: instante de escutar, tempo de entender e momento de concluir. Tempo, evidentemente, tempo do sujeito. Este momento é mítico, como mítico é o momento do ponto crítico da castração ou qualquer outro momento do ato analítico. A posteriori, verificamos que ele aconteceu. Durante certo tempo, Freud achava necessário recordar nos mínimos pormenores o histórico do paciente. Como no Homem dos lobos, o V do relógio e, por extensão, a orelha do lobo. Serge Leclaire desenvolveu esse significante magistralmente. Mas penso com Lacan, o importante é poder escutar o registro que se efetuou do acontecimento da história do sujeito e não tanto a recomposição dos detalhes do histórico.

Mais um passo e este, fundamental: abster-se integralmente de compreender: paranoia, delírio ou alucinação. No seminário sobre as psicoses, Lacan dá um exemplo de como caímos facilmente no erro de compreender. Trata-se da apresentação de uma paciente, "uma mulher charmosa e amada de todos" no hospital. Nessa, Lacan também embarcou, misturou simpatia na transferência. A paciente narra que, no corredor do apartamento, cruzou com um homem casado, amante da vizinha, sua amiga, e ele lhe disse um palavrão. Confessa a Lacan que ela não era totalmente inocente no caso. Diz a Lacan: "eu venho da salsicharia", quando na verdade ela ouviu "porca" do homem casado, e Lacan: "se me dizem que há algo a compreender, eu bem posso articular que há uma referência a suíno. Eu não disse suíno eu disse porco". "Ela estava bem de acordo, era o que ela queria que eu compreendesse. Talvez fosse também o que ela queria que o outro compreendesse. Só que, é justamente o que não se deve fazer. Aquilo porque se deve interessar é precisamente saber por que ela justamente queria que o outro compreendesse e por que não lhe dizia claramente, mas por alusão. Se eu compreendo, eu passo, eu não paro nisso pois que já compreendi. Eis o que lhes manifesta o que é entrar no jogo do paciente – é colaborar com a resistência dele. A resistência do paciente é sempre a de vocês e quando uma resistência leva a melhor é porque vocês estão dentro até o pescoço, porque vocês compreendem. Vocês compreendem, vocês não têm razão. O que se trata precisamente de compreender é porque há algo que se dá a compreender" (S. III – p. 60).

Lacan, veemente, insiste em que o psicanalista ignore o que ele sabe para ouvir verdadeiramente o paciente. Uma escuta limpa de qualquer imaginário próprio. Fernando Pessoa tem uma tirada genial: "o conhecimento é ignorância de não saber", ou seja, o conhecimento do enunciado é ignorância do que ele não sabe, isto é, da enunciação. Mas o dito é universal: todo conhecimento é uma gota diante do mar de imensos outros conhecimentos. Vê-se o ridículo da luta de egos na academia e alhures.

No seminário da Psicose Lacan propõe duas regras:

1ª "não ser curioso demais". Invadida, a tartaruga se recolhe em sua casca.

2ª "e não compreender. Nós compreendemos sempre demasiadamente, especialmente na análise. A maior parte do tempo nós nos enganamos. Pensa-se em fazer uma boa terapêutica analítica se se é dotado, intuitivo, se se tem o contato, se se coloca em ação esse gênio que cada um desdobra na relação interpessoal. E, a partir do momento em que não se exige de si um extremo rigor conceitual, sempre se acha um meio de compreender. Mas fica-se sem bússola, não se sabe nem donde se parte, nem aonde procura-se ir" (p. 128).

O grande problema de compreender consiste numa ação em que reduzo a fala do paciente a meu imaginário, ou seja, eu o compreendo com a compreensão que é minha... de meu imaginário. E, assim, obviamente, fico sem o "dizer" dele. E ele fica na dependência da minha compreensão. Isto é precisamente impostura. É uma escuta reducionista. Portanto, estou na escuta do signo, da significação e não do significante do discurso do paciente; se escuto o enunciado e nele paro, perco o sujeito da enunciação: "O alcance do sentido transborda infinitamente os signos manipulados pelo indivíduo" (S. II. 113).

E aí o perigo! "O manejo atual da relação de objeto no quadro de uma relação analítica concebida como dual, funda-se sobre o desconhecimento da autonomia da ordem simbólica, que induz automaticamente uma confusão do plano imaginário e do plano real. A relação simbólica... resulta desse desconhecimento que o que no sujeito demanda a se fazer reconhecer no plano próprio da troca simbólica autêntica – que não é tão fácil a atingir já que é perpetuamente interferida – é substituído por um reconhecimento do imaginário e do fantasma. Autentificar assim tudo o que no sujeito é da ordem do imaginário é, propriamente falando, fazer da análise **antecâmara da loucura**, e não temos que admirar que isso não conduza a uma alienação mais profunda" (S.III p. 23). "Não resta menos que é a uma certa maneira de manear a relação analítica que consiste em autentificar o imaginário, substituindo o reconhecimento no plano simbólico pelo reconhecimento no plano imaginário que se deve atribuir os casos bem conhecidos de desencadeamento bastante rápido de delírio mais ou menos persistente e por vezes definitivo" (S.III p. 24).

A responsabilidade do psicanalista é toda! "A partir daí o analista guarda inteira a responsabilidade no sentido do peso que se acaba de definir a partir de sua posição de escutador" (E. I. p. 331). "A partir daí, aparece a função decisiva de minha própria resposta e que não é somente como se diz de ser recebida pelo sujeito como aprovação ou rejeição de seu discurso, mas verdadeiramente de o reconhecer ou o abolir como sujeito. Tal é a responsabilidade do psicanalista cada vez que ele intervém com sua palavra" (E. I. p.300).

Como não cair neste engodo eticamente tão grave de tomar o ego pelo sujeito? Simplesmente como na psicanálise de um neurótico: ater-se à estrutura do significante; o delírio é da mesma ordem, não abrir mão dele sabendo que, ao fim e ao cabo, embora não haja ponto de basta possível, ele é sem dúvida o documento autêntico daquilo que foi rejeitado no simbólico. Portanto, jamais contestar o delírio ou a paranoia ou mesmo a alucinação como não tendo relação com o real do paciente. O delírio, a paranoia têm uma lógica que lhes é própria: "É justamente porque ela se situa no plano da compreensão como um fenômeno incompreensível, se pode dizer, que a paranoia nos é tão difícil de captar e que ela é também de um interesse maior" (S.III. p. 30). Tentativa vã de convencer o paciente de que é pura imaginação. Sem falar da estupidez de combater as manifestações psicóticas ou tentar em vão com-vencê-lo, o paciente, de que os sintomas psicóticos não são verdadeiros.

O louco, mais ainda que o neurótico, precisa de companhia e de companheiro em sua loucura. Nada de com-preensão e, sim, entendê-lo em sua angústia profunda, na sua desesperada falta de paz. O sofrimento do louco sobe a alturas insuportáveis quando quem o recebe mostra medo, repugnância, fuga ou simplesmente lhe aplica diagnósticos, classificação e "medicamentos" que o entorpecem moral e fisicamente. O louco, inteligente, tem uma sensibilidade aguda diante da reação das pessoas, sobretudo dos terapeutas que o "com-preendem" e o carimbam, selando seu destino... "O compreensível é um termo sempre fugidio, inapreensível, é surpreendente que não seja jamais colocada como uma lição primordial, uma formulação obrigatória à entrada da clínica. Comecem por não crer que vocês compreendem. Partam da ideia do mal-entendido fundamental. Eis uma disposição primária, falta da qual não há verdadeiramente nenhuma razão para que vocês compreendam tudo e não importa o que" (S.III. p. 29). "O que o esquizofrênico nos pede não é ser compreendido, mas ser acolhido na diferença que reivindica" (Mannoni, M. - *Teoria como Ficção*, p. 16). "Compreender é esquecer de amar" (F. Pessoa). Quando compreendo, deixo cair o essencial: "O verdadeiro é sempre o novo, para que seja verdadeiro é preciso que seja novo" (Lacan, J. - *Meu Ensino*, p. 25). "O mínimo seria que os psicanalistas percebessem que são poetas" (id.ib. p. 54).

O entendimento, contudo, é de outra ordem: "o que escuto é entendimento... O entendimento não me força a compreender... Àquilo que escuto sem dúvida nada tenho a re-dizer se nada compreendo ou compreendendo aí qualquer coisa, estou seguro de me enganar" (E. I. p. 616, 617). Ao não reduzir o paciente a uma com-preensão, ele começa sentir-se à vontade: descobre que está sendo acolhido, entendido em sua dor, no desamparo do Outro, sente que encontrou alguém que a pode compartilhar. Abre-se-lhe uma janela na escuridão de suas trevas psíquicas e, nesse momento, a transferência se instala como um pacto silencioso, da ordem do amor, nos diz Freud. A partir daí tudo segue. O analisando se dá conta de que o psicanalista é apenas um sujeito suposto-saber, pois se revela como nada sabendo dele e lhe devolve que é o saber dele que interessa buscar. O caminho? O analisando não sabe, o analista muito menos. É uma viagem, uma aventura. Apenas uma "crença" (Lacan): há uma saída para a loucura, é preciso entrar com a convicção de que o paciente descobrirá a origem de seu sofrimento e se aproveitará dele para tornar-se sujeito de novo, apesar do analista. O analista permanecerá o escutador (escuta-dor) indefectível. O paciente "entenderá" seu delírio ou sua paranoia. Assenhorar-se-á dele ou dela e voltará a uma vida normal: "o sujeito se constitui na pesquisa da verdade" (E. I. p. 309). Precisamente, a sua. Ao final, dirá normalmente: "quando eu era louco"...

Quando falamos em normal, entendemos com Freud e entendemos com Lacan: "Aquilo que a experiência analítica testemunha é que a castração é em todo caso o que regra o desejo no normal e no anormal" (E. I. p. 826).

Conclusão

Os três registros são interdependentes. Os três são indissolúveis. Teoricamente e topologicamente, o corte na estrutura de um deles desfaz o conjunto todo. Não é possível articular um e simultaneamente não articular os dois outros, mesmo na loucura.

Quando os três registros se articulam de maneira harmônica, o sujeito usufrui de um equilíbrio mental satisfatório, dinâmico e criativo. O novo não o assusta, não se retrai. Avança.

Duplo é o desequilíbrio nas perturbações psíquicas. Na neurose, o imaginário encrenca, sofre de uma "fixação" (Freud): a fobia, a insatisfação histérica, a obsessão, os preconceitos, as manias dificultam a interação com o simbólico e o real.

Na loucura o desequilíbrio é duplo e radical. A paranoia hipertrofia o imaginário, ele abduz real e simbólico, a articulação dos três registros fica travada e o sujeito entra na terrível cascata de imagens persecutórias ou onipotentes, concepções mirabolantes disparadas. Entra na lógica obsedante das imagens e pode chegar até a criar um tratado para não se afundar de vez no desespero dessa posse do grande Outro. É o caso do presidente Schreber.

A alucinação se alinha a esse domínio do imaginário, mas tende a ser mais fugaz, menos sistemático.

Outra face da loucura é o delírio. Aqui, o delirante fica preso a um simbólico despótico. O sujeito dispara em criar "teorias", "explicações" para sua dor diante da sensação angustiante de se ver, se sentir sem a estrutura imaginária para se situar como sujeito e sujeito no tempo e no espaço. O real, tanto para o paranoico como para o delirante, desesperadamente lhes foge do chão. Ambos sofrem pavorosamente por se verem em certos momentos desligados do real. Daí a definição da clínica da loucura: "o real enquanto insuportável" (Lacan).

Resumindo, ao paranoico a escuta perspicaz do analista saberá, em "momento fecundo", "injetar" o simbólico e induzi-lo ao real, e, ao delirante, a escuta introduzirá no instante adequado o imaginário, se for feliz algo da *Urbild* do sujeito. O imaginário irrigado do simbólico produz abertura para o acesso ao real.

De todo modo, a cura proporcionada pela psicanálise consiste no reequilíbrio da articulação dos três registros. Feliz descoberta do funcionamento dinâmico da mente humana. Precioso operador da clínica psicanalítica. Rica concepção teórica do "*homo triplex*" lacaniano.

A Escuta

Disto segue uma lógica de escuta indefectível.

O balseiro: "Apenas sei escutar" ...

"Vasudeva escutou-o com muita atenção. Tudo quanto dizia encontrava eco na sua alma, a origem e a infância, as aprendizagens, as buscas, as alegrias, as tristezas. Entre as boas qualidades do balseiro, uma das maiores era saber escutar como mais ninguém. Sem que o outro quebrasse o seu silêncio, notava Sidarta que Vasudeva acolhia todas as suas palavras no seu íntimo sempre se conservando atento, imóvel, receptivo, sem perder nenhuma frase, sem nunca impacientar-se. O balseiro limitava-se a ouvir o que lhe comunicava o seu interlocutor. Não lhe tributava elogios nem censuras. E Sidarta sentia a benção que representava o ensejo de confessar-se a um ouvinte daquele quilate e de poder abrigar num coração acolhedor a própria vida, com todas as ambições e todos os sofrimentos...

*E também te fico grato, ó Vasudeva, por teres escutado tão bem o que te contei. São muito raros os homens que saibam escutar, e ainda não encontrei nenhum que dominasse essa arte com tamanha perfeição. Também nesse ponto serei teu aprendiz... Sem cessar, Sidarta aprendia dele. Antes de mais nada, aperfeiçoava-se na arte de escutar, de prestar atenção, com o coração quieto, com a alma receptiva, aberta, sem paixão, sem desejo, sem preconceito, sem opinião" (*HESSE H. SIDARTA*).*

Um analista se define e se qualifica pela arte da escuta. A escuta quando autêntica, isto é, regida exclusivamente pelo grande Outro (significante), produz a posteriori a verdade. A verdade do paciente. "O inconsciente demanda tempo para se revelar" (E. I. 314).

Nenhuma intervenção do psicanalista que não seja para introduzir a castração. *Mira que volencia de l'amor non se cura. Quiem podrá sanar-me?* (Juan de la Cruz). Intervenção tem que ser ato: avanço, transposição. Caso contrário, discurso vazio. Coaptação imaginária. Chega de palavra vazia, o paciente a tem às tampas. É da palavra cheia (*parole pleine*), aquela que porta a sua aletheia (*vraie parole*), aquela que "decifra" o significante, aquela que o desvela, enfim, aquela que o castra, é dela que ele precisa para ser sujeito, livre, com acesso a seu desejo. A castração normativiza a pulsão, canaliza-a para a sublimação na cultura; na estrutural falta-para-ser, ela garante o acesso ao desejo. A castração permite o usufruto do gozo dentro da Lei, seja o gozo fálico ou outro. "A castração quer dizer que é preciso que o gozo seja recusado, para que ele possa ser atingido sobre a escala revirada (*renversée*) da Lei do desejo" (E. I. p. 827).

Isso posto, o psicanalista estará integralmente entregue à escuta do delírio ou da paranoia, estará atento à possibilidade, mesmo que seja numa fímbria do discurso, de introduzir o grande Outro. Lacan nos comunica sua experiência: "Engajemo-nos nesta via para estudar as significações da loucura, como a isso bastantemente nos convidam os modos originais que a linguagem aí mostra: essas alusões verbais, essas relações cabalísticas, esses jogos de homonímia, esses calembures... e direi: esse acento de singularidade cuja ressonância numa palavra nos é necessário entender para detectar o delírio, essa transfiguração do termo numa intenção inefável, essa coagulação da ideia no semantema (que precisamente aqui tende a se degradar em signo), esses híbridos do vocabulário, esse câncer verbal do neologismo, esse enviscamento da sintaxe, essa duplicidade da enunciação, mas outrossim essa coerência que equivale a uma lógica; essa característica que, da unidade de um estilo aos estereótipos, marca cada forma de delírio, é tudo isso pelo qual o alienado, pela palavra ou pela escrita, se comunica conosco. É aí que se nos devem revelar essas estruturas de seu conhecimento do qual ele é singular" (E. I. p. 167).

Preso no imaginário, o louco é mais falado do que fala (Lacan), se fala, fala com seu próprio ego (a com a'): o delírio "(...) objetiva o sujeito numa linguagem sem dialética" (E. I. p. 280). O imenso sofrimento do paciente nessa linguagem sem dialética consiste em que ele é dominado pelo delírio e pela paranoia, ele não consegue articular os três registros. E por isso se vê fora da realidade. É muita angústia. Não consegue mais sublimar. Vê-se numa estase (Lacan), estase psíquica na qual está amarrado, travado, preso no automatismo de repetição da impostura dominante em sua mente. Esta estagnação psíquica o atormenta sem cessar. A angústia aparece de todos os lados: e sua vida psíquica desarticulada, em ocupar o seu lugar na família, na sociedade, no mundo... "Eu pensava que tudo o que eu imaginava era realidade", dizia-me um paciente. Esse cessar da sublimação o coloca na angústia de ter ultrapassado o limite do humano. E a dor de não ter à mão o caminho de volta.

Nessa relação egoica com o imaginário, o psicanalista terá senso clínico para, no momento certo, apelar ao Outro, isto é, introduzir o Nome-do-Pai que, impossibilitado de reproduzir o significante que não houve, assim mesmo estabelecerá uma "ponte" sobre a falha na cadeia histórica, uma ponte sobre o "buraco" da foraclusão, e o sujeito poderá se livrar do discurso imperativo do Outro, do delírio que o domina (SA) e conseguir ser de novo sujeito S (A̸). Este é um momento mítico, como mítica é a escolha de objeto sexual no ponto crítico da castração. É marca inconsciente, mas determinante. Assim como os Nomes-do-Pai são múltiplos, essa dialética entre psicanalista e analisante não será necessariamente única.

Se o efeito da intervenção é sempre a posteriori, à medida que a psicanálise caminha, a dialética fechada entre a e a' vai-se dimensionando ternariamente em função da introdução da dialética terciária (A) da subjetividade, em que o simbólico rompe a cadeia dual egoica. Momento perspicaz, instante clarividente, verdadeiro alumbramento, recuperação da alegria de ser sujeito, sujeito de seu desejo, sujeito de novo na condução e reconstrução de sua existência. Na escuta do paciente, é fundamental, mesmo depois da cura, dado que o significante foracluído nunca existiu, que o psicanalista volte sempre a conduzir o paciente a associar todo e qualquer discurso dele que esteja relacionado nem que seja de longe ao delírio ou à paranoia que sofreu. Essa prática é essencial, pois é ela que leva o paciente a pôr um "remendo" no "pano" que foi tecido com uma falha (Leclaire S.). É um defeito de fabricação, e não rasgo de neurose. É esse "remendo" que consolida a cura. Essa insistência se deve à insegurança tanto do paciente quanto mais ainda do psicanalista sobre a circunscrição do núcleo patógeno. Só a posteriori, pelo sintoma, a certeza clínica se estabelecerá.

De todo modo para Lacan não há dúvida de que não há psicogênese da loucura. A etiologia dela é sempre um trauma, um acidente na história, no histórico do paciente. Normalmente antes dos cinco anos de vida. E sua cura só será possível pela assunção desse histórico. A loucura, pois, é estritamente subjetiva.

Algumas observações:

Primeiro que tudo, repetindo, "todo ser humano é um mistério" (LACAN J.). Então diante de cada paciente: "conhecimento é ignorância do que não se sabe" (F. PESSOA). A "douta ignorância" de que falava Nicolau de Cusa a respeito da teologia. Tenho por mim que é um privilégio e um enriquecimento poder partilhar a existência e sobretudo o sofrimento de um ser humano, sempre original. É mesmo uma honra! É preciso ter bem claro que a psicanálise cuida da existência, isto é, de um ser, precisamente de um "ser do sendo" (Lacan), um sujeito que é sujeito porque fala, e não da essência, como não é de sua alçada o sistema neurológico que sustenta essa possibilidade estupenda. A psicanálise trata da historização do sujeito. Não é de sua epistemologia: "O maior mistério do cérebro é como a matéria produz a consciência" ou "A consciência e o pensamento residem nos impulsos eletroquímicos que unem esses bilhões de células" (H. MARSH). Freud, neurologista, chegou a sonhar com isso. Demorará muito, mas com certeza as pesquisas em neurologia chegarão lá: como acontece que esse processo eletrobioquímico produz a memória que não esquece, a "gravação" da mensagem simbólica no inconsciente a nível da estrutura da célula? Seria possível um dia detectar qual é a célula ou as células que detêm o registro do trauma e de algum modo recodificá-las? Estamos longe: sequer sabemos a origem do parkinson ou do alzheimer, apenas constatamos o estrago dessas patologias nas células cerebrais, por exemplo, no sistema límbico. A psicanálise, porém, é escuta, escuta de significantes que teceram a história do paciente, de sua subjetividade, sobretudo dos núcleos patógenos que tolhem sua liberdade de ser.

Segundo: "*où ça souffre ça parle*" (LACAN J.) = "onde se sofre fala-se", ou "onde id sofre id fala". O sofrimento fala! O sofrimento inconsciente fala. Id fala! Fala porque o inconsciente sofre. Dialeto próprio, mas fala: "alíngua" dizia Lacan. Mas é preciso escutá-lo. Senão o sofrimento se perpetua, fica sem remissão. E esse sofrimento não cessa de não falar. Interessante notar que quanto mais se avança na análise, duas coisas ocorrem. A primeira é que um sonho estrutural do sujeito, sonho que se repete sob várias formas, ele, quando o significante é "decifrado", tende a não repetir mais. E isto é mesmo um sinal clínico de que ele foi dissipado. Segundo, na medida em que o tratamento avança para o final, os sonhos ou rareiam ou se tornam sofisticados, com estrutura pouco definida.

Terceiro: "*les non-dupes errent*" (Lacan J.), "os não-enganados erram". O francês tem duas palavras para indicar ingênuo: "*ingénu*" e "*naïf*". Lacan não as empregou. Usou "*dupe*", literalmente "pessoa enganada": "*Être dupe*" = ser enganado; "*passer pour dupe*" = passar por trouxa. Os analistas "*non-dupes*", "não enganados", erram porque estão armados e preocupados com seu saber ou com o acerto de suas intervenções. Enfim, prevenidos. Eles são incapazes de deixar se surpreender, impermeáveis às manifestações da verdade da loucura; ser analista é descobrir-se enganado que estava: a verdade está sempre alhures. Fernando Pessoa sem querer deu uma tradução perfeita desse dito lacaniano: "Sê imprevenido com ti próprio". Simplesmente aberto aos lampejos do inconsciente e à criatividade que fecunda o espírito. Condição para ser tocado pelo "espanto" da poesia (F. Gullar), pelo "novo" (F. Pessoa) ou pelo delírio ou o neologismo! "*Le vrai est toujours neuf*" (E.I. 193): *O verdadeiro é sempre novo.*

A psicose é para o sujeito um estigma, um sofrimento indescritível, um abismo sem fundo. Só quem faz a experiência da loucura pode saber o que é essa dor moral de se ver cindido sem poder unir as partes de sua divisão subjetiva, de estar imergido na desarticulação dos três registros por não poder se servir do grande Outro. O sujeito, totalmente comandado, dominado por um fenômeno imperativo, apela desesperadamente para que o outro introduza o Nome-do-pai e, quando o outro se recusa a escutar seu apelo na mensagem de sua loucura, seu sofrimento se torna mais intenso e mais profundo. É simplesmente desesperante que em vez de escuta à sua dor, se lhe ofereça indiferença, desamparo, frieza de um medicamento ou simplesmente internação para melhor o impregnar, com a teoria de que os antipsicóticos mudarão o sistema das sinapses e assim a "cura" virá. Há uma recusa sistemática da psiquiatria e da psicologia de se render ao fato clínico de que o delírio, a paranoia e mesmo a alucinação são uma questão de linguagem (Lacan J.). É uma estruturação psíquica patológica efetuada pela palavra. O sofrimento é da ordem moral. É desesperante, é muito angustiante estar no mundo real e se sentir cortado dele, prisioneiro de um comando imaginário.

De qualquer modo, a loucura é uma marca pesada na vida do sujeito e ele, pelo resto de sua existência, sentirá a presença dela como fato de sua história, e isto cada vez que as circunstâncias (significantes) a trouxerem à sua memória. Todavia, curado, poderá não mais sucumbir nesses momentos, mas conviverá com sua lembrança, e a memória daquele sofrimento não o abaterá. Quando falamos em cura, queremos dizer que a volta dessa "presença" é quase inevitável, porém será suportada pelo sujeito, e ele já não mais sucumbirá sob a impostura dela.

Há um sinal clinicamente precioso no tratamento do louco. Após sua cura, é muito importante que ele faça de duas a três crises. Estas serão curtas e de menor intensidade. Finalmente, o lugar da foraclusão está sempre no mesmo lugar, isto é, o "contato" com esse lugar reativará sua memória. É da estrutura histórica do sujeito. Esse retorno de crises é sinal tanto de que o caminho estava certo quanto de que a cura se consolidará. Elas acontecem porque há referenciais inconscientes que não foram circunscritos, "limpos". Eu procuro dizer logo ao paciente que o retorno da crise, em que pese o sofrimento, é um bom sinal, é garantia que estamos no caminho certo, que ainda há "coisas" que não tínhamos conseguido "limpar". Mas nada é definitivo.

Cura em psicanálise não é cura em medicina: *restitutio qua ante*, "restituição ao como antes". Não é de estranhar se novo surto ocorrer, sobretudo pela passagem da menopausa ou andropausa. Neste caso, o tratamento será mais fácil, e o surto será sempre de menor intensidade e mais curto. Nunca podemos esquecer da advertência clínica de Freud: as patologias tendem a surgir nas fases críticas do desenvolvimento humano: por volta de cinco anos (castração), de dezesseis ou dezessete (puberdade), e de quarenta e cinco a cinquenta e cinco (andropausa e menopausa). Também valha a observação de Freud: "a psicanálise não é vacina". Mas o que dificulta o trabalho da psicanálise é que o/a psiquiatra se assusta com o retorno da psicose, sobrecarrega inutilmente o paciente com medicação exagerada, o trava psíquica e fisicamente, e ele, entorpecido, sequer pode verbalizar e pensar adequadamente o retorno de seu sofrimento. Para que isso se o paciente já superou uma ou mais crises em sua psicanálise? Qual o sentido desse procedimento irracional? Infelizmente, essa ansiosidade em "combater" o surto, o delírio, é clinicamente errado. Como acima escrevi, é puro *furor curandi*.

Ocorre um momento de grande satisfação clínica: quando o paciente psicótico traz o seu primeiro sonho no tratamento. É certeza clínica que a patologia cedeu ou está cedendo, já que o sujeito normal elabora seus traumas através do sonho. O sonho é o lixeiro quotidiano de nossos sofrimentos inconscientes. O sonho, nesse caso, é quebra do paradigma da loucura. O sonho prova que ele conseguiu de novo passar essa tarefa para o inconsciente.

Maud Mannoni fez uma constatação curiosa... Sempre que um membro da família recupera a saúde mental, outro membro adoece. Este é outro sinal de que o paciente tratado está realmente a caminho da cura ou curado.

Uma questão de clínica: quantas vezes por semana receber o paciente psicótico? Aqui, como tudo em psicanálise, o que comanda é a gravidade do sofrimento do paciente. É questão clínica, sempre soberana. Em casos mais graves, recebo o paciente diariamente, ou três ou duas vezes por semana, e outras, uma vez. Como tudo em psicanálise, é o senso clínico diante do sofrimento do paciente que determina.

Outra observação: tenho por mim que a abordagem multidisciplinar pouco ou nada serve para a remissão das patologias psicóticas. Trata-se de uma tentativa imaginária de cercar de várias maneiras a loucura, mas esta permanece intocada. "Não sai do lugar", dizia-me uma psicanalista que trabalhava num CAPES. Mesmo porque os diversos profissionais (psicólogo, terapeuta ocupacional...) ficam perdidos diante das manifestações psicóticas e não sabem como tratá-las. Sempre e invariavelmente apelam à psiquiatria, a quem passam a responsabilidade do caso. Além disso, o paciente não consegue estabelecer transferências tão diversas. Fica mais perdido ainda num imaginário por demais já multifacetado. E o problema se torna grave porque o CAPES não tem uma orientação teórica na abordagem da loucura. Cada profissional age segundo seu arbítrio ou intuição. Com isso, estabelece-se uma relação dual com o paciente, e este acaba se encalacrando em sua patologia, às vezes definitivamente: o imaginário confirmado como real.

É preciso reconhecer, contudo, que o CAPES foi uma iniciativa brilhante. Lamentável que, por falta dessa orientação teórica e clínica, ele não atinge o objetivo. A doença é nosograficamente medicalizada. O paciente não encontra escuta para o drama ou tragédia de sua história. E o núcleo patógeno segue intacto. A cronificação é destino cruel e funesto.

Pós-Modernidade

Alguma observação clínica atinente à pós-modernidade e ao após--verdade.

Primeiro, a psicanálise não se insere nessa demissão do após-verdade desse início do século XXI. Ao contrário. Seu projeto fundamental consiste na procura firme da verdade do sujeito, na certeza de que o sofrimento manifesto oculta a verdade que o causa. A aletheia alimenta, sustenta o desejo do analista. Trata-se de uma aventura apaixonante: a descoberta da verdade de cada paciente. A pós-modernidade gerou o sujeito alienado no imaginário da economia do mercado, no imaginário do consumismo, no imaginário virtual e na "liquidificação" da desordem da pulsão. O homem pós-moderno é seduzido a não responder pelo seu desejo, é induzido a atolar-se no gozo. Nunca a psicanálise pôde desempenhar seu papel com tanta propriedade e urgência como agora.

Lacan define o saber como sendo da ordem da paranoia. Considerando minha carreira desde o início de minha atuação – 50 anos – até agora, constato: houve uma mudança de patologia na loucura. A esquizofrenia predominava no início de meu trabalho, e agora a paranoia se disseminou. E ela vai crescer.

Os poetas e os artistas, sobretudo os pintores, são capazes de superar a própria época tanto representando as angústias de seu tempo quanto prevendo mudanças, senão mutações em tempos vindouros. E eles em geral são fortemente criticados pelos contemporâneos acomodados no *statu quo* de sua época. Vide Monteiro Lobato a criticar acerbamente a arte inovadora de Anita Malfatti.

Quando Picasso colocou o abajur-olho no centro de seu quadro sobre o terrível massacre de Guernica, ele, profeticamente, previa que o Panópticon dominaria o mundo das contendas e o dos desentendimentos entre humanos. De fato, hoje, câmaras, radares, internet, whatsapp, facebook, instagram... Elas estão por toda parte: residências, prédios, ruas... Nada mais escapa a seu controle. Cada um de nós já pode ser localizado em tempo real.

Se os cinco anos iniciais de vida definem as bases, os alicerces do sujeito humano, opino clinicamente que, ao introduzir as crianças de tenra idade nos desenhos e joguinhos eletrônicos, não tendo elas defesa psíquica para os entender, portanto "dominá-los", eles se imprimem no inconsciente como "tormentos" persecutórios e, com muita probabilidade, retornarão na adolescência ou na idade adulta como paranoias, objetos persecutórios não identificados, pairando em seu imaginário. Essas invasões do inconsciente abrem buracos, brechas impreenchíveis pois fogem ao domínio do conhecimento e do reconhecimento. O grande Outro não as assiste por imaturidade neurológica e psíquica, e o simbólico não as pode acudir na leitura desse deslocamento imaginário de figurações não identificáveis.

Há outra razão séria nesse roteiro desembestado do imaginário contemporâneo: a Internet. Vivemos uma época de narcisismo exasperado e hipertrofiado. As "selfies" são perseguidas avidamente seja de si mesmo ou preferivelmente com artistas famosos, políticos, até com o papa. Presenciamos um culto da imagem especular, na qual o sujeito, ao se admirar, toma a imagem virtual como se fosse ele no real. Ele se exalta na representação, na figuração e se acredita tal. E lá vai ele alienando-se de imagem em imagem, facebook, instagram...

Além disso, o universo virtual da Internet induz o sujeito a se alienar de si, do outro e do Outro. Um individualismo psiquicamente e moralmente perigoso. Essa maravilha tecnológica pode ser uma cilada morbígena. Ela, como qualquer droga, pode viciar pesadamente, e aí o gozo virtual barra o gozo fálico, e o indivíduo cessa de ser sujeito de desejo.

A internet modificou total e irreversivelmente o relacionamento com o outro. O outro: eu, outro para o outro, o outro, outro para mim somos imagens que se espelham. A cada instante, a cada circunstância, alimento o outro de uma imagem que a ele me espelhe: viagem, paisagem, restaurante, roupa, joia... Envio a imagem que melhor me retrate e arranque a admiração do outro. O facebook é o livro em que espelho a face de contar muitas vantagens, meu exibicionismo, minhas vaidades, minha superioridade... Enfim, as ilusões de meu imaginário em que acredito ser eu, esse ego traiçoeiro, "estrutura de desconhecimento e objetivação" (E. I. p. 116).

Jamais poder-se-ia imaginar que o narcisismo tomasse tais proporções na humanidade. "A Era da Iconografia": "Tal perversão transformada em crença justifica o descarte imediato de pessoas e coisas, restringindo sua vida útil a um período breve, após o qual atingem sua obsolescência e descarte. Tudo que não é novo tende a ser obsoleto e, portanto, destina-se ao descarte. Cria-se não apenas a crença na juventude e na novidade enquanto categorias imutáveis, mas também suas consequências práticas, ou seja, a diversidade de pessoas e objetos em diferentes estágios e graus é eliminada pelo descarte" (Baitello N. J.[12] – p. 103). Esse lutar por produzir imagem e reconhecer o outro pela imagem que ele produz e vice-versa introduz uma terrível derrelição na existência do sujeito. O sujeito preso no imaginário virtual está cortado do real e, para completar a alienação, mascara-se de um ou mais emojis ou figurinhas (imagens mais imagens) e não se dá conta do solipsismo em que está mergulhado.

Na medida do envelhecimento, o sujeito humano atual já não pode ser reconhecido. Os idosos se veem ao descarte: "sociedade do descarte e da globalização da indiferença" (Papa Francisco). Por isso, as doenças auto-imunes como parkinson, alzheimer proliferam tanto em nossos dias. Os idosos cada vez menos encontram o seu lugar, mesmo em suas famílias. As clínicas de idosos multiplicam-se por toda parte. Os transtornos de pânico e depressão estalam em todas as idades. A identificação virtual não é outra coisa que ilusória identificação imaginária.

[12] Baitello N. J. – A Era da Iconofagia – Paulus – SP – 2014.

A arte hodierna

Freud, na *Psicologia dos Sonhos* (p. 449), cita numa nota um artigo de N.E. Pohotilles intitulado "Quanto ao que é do papel do inconsciente na criação artística": "É o inconsciente que escolhe segundo os fins de interesse: isso vale igualmente para as associações de ideias do pensamento abstrato e para as representações sensíveis ou os grupamentos artísticos". Lacan vai na mesma esteira: "todo discurso toma seus efeitos do inconsciente" (E. I. p. 827). Fernando Pessoa explicita essa mesma ideia: "Tiro poesia e ciência/ E não pouca/ Maravilha do inconsciente".

Toda obra de Freud vem recheada de citações de escritores, poetas:... "A psicanálise não diz nada de novo daquilo que os poetas já disseram". Se nos voltarmos à arte, sobretudo a pictórica, a mesma coisa: Rembrandt, Bosch "O Jardim das Delícias", Van Gogh, Quinta del Sordo de Goya... a loucura representada! Pós-modernamente representado o sofrimento humano na pintura reveladora de Ermelindo Nardin.

Igualmente, se encararmos a pintura deste primeiro quadrante do século XXI, que encontramos? Uma arte-testemunho das angústias da globalização, do homem embaralhado, encalacrado diante de um horizonte sombrio e assombrado. As pinturas se expressam em figuras humanas deformadas ou esbatidas em tintas pesadamente esfumaçadas, homens diluídos em trevas, corpos enormes, desfiguração da mulher, quadros sombrios, domínio de tintas fortes-escuras, esborrifos multicoloridos em forma disforme, pinturas a esmo sem paisagem nem horizonte, horizonte obscurecido sem pautar saídas. Senão pinturas rigorosamente milimetradas em figuras geométricas, ângulos e losangos, busca de segurança ilusória em "certezas" geométricas. "As artes partilharam a situação da cultura pós-moderna como um todo... é uma cultura de simulacro não de representação" (Baudrillard – Bauman). A arte como a poesia com certeza estampam o drama ou os sofrimentos de uma época. A escuta analítica se afina por uma e por outra.

Nenhum movimento de arte expressou tão profundamente o desencontro de uma época: mais que mudança, mutação errática de uma época repleta de progressos e tecnologias, mas carregada de incertezas e interrogações sobre o amanhã. Arte pós-moderna, estética da angústia, expressão por excelência das aflições hodiernas: perplexidade de futuro, ausência de liderança, domínio material, desigualdades cada vez mais acentuadas, preconceitos raciais e outros, massas imensas de emigrantes, quebra das barreiras de território ou nação, multiplicação e descrédito das religiões, fanatismos religiosos explodindo em terrorismos, invasão tecnológica, arrombamento da privacidade, domínio da mídia na fermentação de ideologias dominantes e alienantes, narcisismo hipertrofiado de "selfies" e "facebook", busca vã e vazia de identidades imaginárias e ostentação dessas identificações! Mal-estar de uma cultura do gozo. Gozo imediato no movimento frenético da digitação e do consumismo. "A multiplicação dos desejos e dos prazeres parece tão indefinida quanto a dos medos e das angústias, o que produz o indivíduo "paranoico", que tem medo de tudo e de todos, desconfiado e vulnerável, num mundo que o convida ao prazer e à diversão. Atinge-se, desse modo um hedonismo ansioso que corresponde a formas de personalidades problemáticas, incertas, bem distantes do modelo da sabedoria antiga, fundada na indiferença e no controle de si mesmo, tão distantes das ilusões dos pensadores clássicos que acreditavam na liberação pelo conhecimento" (S. Charles p. 147).

Em 1948, Lacan profeticamente escrevia a propósito das transformações causadas pela "ausência crescente de todas as saturações do superego e do ideal de ego", como a abolição da "polaridade cósmica dos princípios macho e fêmea": nossa sociedade conhece todas as incidências psicológicas próprias à dialética das paixões da alma e da cidade, "fenômeno moderno dito *luta dos sexos*": "Comunidade imensa no limite entre a anarquia 'democrática' das paixões e o desesperado nivelamento delas pelo 'grão vespão alado' da tirania narcísea – é claro que a promoção do ego em nossa existência acaba conforme à concepção utilitarista que a secunda, a realizar sempre mais adiante o homem como indivíduo, isto é, num isolamento da alma sempre mais parente de sua derrelição original" (E. I. p. 122). Paradoxo inimaginável: conexão extrema e ausência dos comunicantes, memórias tecnológicas mais poderosas da história humana e geração sem memória. Momento trágico do ser humano entre a paranoia espraiada e a depressão avassalante. A desilusão do vazio das imagens e a falta de ideais de ego sublimatórios em obras e em solidariedades universais. A pós-verdade solta a embaralhar o destino humano. A desigualdade social, a pobreza, a miséria, as doenças, a migração, as injustiças sociais criam uma desestabilidade perigosa para o encaminhamento da pulsão. As imagens egoicas feridas suscitam a agressão e, o ódio, a passagem ao ato.

A psicanálise, sem dúvida alguma, pode oferecer escuta apta para acolher esse sofrimento nessa era de mutação. Quando Lacan explicita a dialética da ascese contínua do psicanalista em desalojar seu ego, ele escreve: "Mas pode-se compreender ao mesmo tempo que a dialética não é individual e que o término da análise é aquele do momento em que a satisfação do sujeito consegue se realizar na satisfação de cada um, isto é, de todos aqueles que ela se associa numa obra humana" (E. I. p. 321). Então é claro que a satisfação do analista é possibilitar que cada paciente encontre seu caminho, a satisfação "de viver". Uma "obra" profundamente "humana"... "De todas aquelas (obras) que se propõem no século, a obra do psicanalista é, talvez, a mais alta porque ela aí opera como mediadora entre o homem do desassossego e o sujeito do saber absoluto. É por isso que ela exige uma longa *acese* subjetiva, e que não será jamais interrompida, o fim da própria análise didática não sendo separável do engajamento do sujeito em sua prática" (id.ib). Tarefa ingente a de psicanalista, grave responsabilidade: "pôr ou abolir um sujeito". Cuido que a seguinte advertência de Lacan me faz tremer, sobretudo se cogito em tratamentos em que fracassei: "Portanto que a ela antes renuncie aquele que não pôde unir a seu horizonte a subjetividade de sua época. Pois como poderia fazer de seu ser eixo de tantas vidas, aquele que nada saberia da dialética que o empenha nessas vidas num movimento simbólico"? (E. I. p. 131).

Observação: nessa segunda década do século XXI, vivemos um impasse quanto à loucura. A loucura hoje não é menor nem menos. Ao contrário. O domínio econômico das multi de medicamento se impôs de modo avassalador. A psiquiatria está impregnada, dominada por esse poderoso *Loby*. De outro lado, cada vez menos temos psicanalistas que se disponham a ouvir o louco. Poucos psiquiatras conhecem a saída clínica da psicanálise, sobretudo no primeiro ou segundo surto. Prognóstico promissor: o amor e a dedicação à causa necessitam de uma atitude clínica sem o histórico preconceito sobre a loucura e, mais ainda, sem o derrotismo sombrio diante dela. A saída clínica para a loucura precisa de um entendimento, de uma solidariedade entre psiquiatria e a psicanálise.

O louco não pode ser reduzido a uma nosografia. Ele precisa ser encarado numa nosologia e, diferentemente do resto da medicina, sua patologia é estritamente ligada à sua história pessoal e dela emanada. É, segundo a genialidade de Lacan, da ordem da linguagem aquela que capturou esse histórico. Cada loucura tem sua biografia.

Gratidão

Comunico aqui aos que se interessarem por minha experiência em acolher e conviver com os loucos. Certamente há muitas outras maneiras, não descartando sequer a remissão espontânea. Aquela ora exposta resume-se numa palavra: meu "estilo", fruto de minha experiência clínica.

Foi um "eletrochoque de significante" (Lacan).

Jovem ainda, participei de uma reunião de estudo em Barbacena. Intrigado por lendas e relatos sombrios, decidi visitar o manicômio. Sozinho, ignaro do horror daquele universo concentracionário, ignaro sobretudo do tormento imenso daquelas e daqueles "viajantes do trem de loucos", deixei-me impregnar pelo olhar e pelos sentimentos chocantes do que via e testemunhava. Aqueles pátios fétidos, zumbis caminhando sem parar, gesticulando, rindo, gritando, falando sozinhos com as imagens aterradoras de seu imaginário... a "nave dos loucos" ... Bosch, Goya, Rembrandt... Meu espírito ia se impregnando daquele calabouço fétido, daquele estado distópico de entes e coisas ... Cheguei às celas fortes com barras de ferro, um pequeno espaço de três metros por dois, leito de cimento a um metro e meio do chão e o ralo para as escórias escatológicas.

Eram várias as celas. De repente o olhar daquele ocupante, deitado no cimento do leito, me capturou. Era ódio de ser visto bicho de zoológico? Era dor abissal de um solepsismo sem remissão? Era desespero por um socorro? Tentei cumprimentá-lo, mas o corpo imóvel e o olhar fixo não alteraram. Ele continua a ver o visitante: aqueles olhos me olham com um olhar que fende a alma. Feriu-me para sempre.

Uma compaixão profunda por aquela dor sem igual.

Indignação. Não é possível que a loucura, limite extremo do humano, se destine à grade. O paciente não teve ouvidos para partilhar sua angústia inicial. Um ser humano como o passante, preso numa jaula, transido de um sofrimento sem bordas nem fundo, desesperante, tangido de um estigma alienante, apartado da família própria e da família humana. Ninguém para ouvir a sua dor. Prisioneiro da loucura e da sociedade... sobretudo da psiquiatria. Morto na mente e a morte que não vem.

Esse olhar invocante jamais me largou. Aí veio a sorte de grandes mestres e colegas apaixonados pelo mistério humano da loucura.

"A psicose é aquilo diante do qual um psicanalista não deve recuar em caso algum".

Eu estava começando meu trabalho como analista de psicóticos. Eram 19:30. De repente batem à porta de meu apartamento: "Doutor, quero dizer que não aguento mais essas imagens, essa perseguição feroz diz que eu devo me matar".

Acolhi o paciente. Ouvi-o. Acalmou-se.

"- Amanhã você tem horário comigo. Você está muito tenso, sofrido. É importante agora ir dormir".

O acolhimento o apaziguou. A tranquilidade do analista contrastou com o ímpeto suicida. Assegurou-se: "tenho hora marcada. Posso falar da minha dor e ser escutado".

Ele superou o surto. Primeiro. Isto é importante: primeiro. Acabou seus estudos universitários, casou-se, criou filhos e se aposentou após carreira universitária.

Ela estava particularmente agitada naquela sessão. Culta. Poetisa. Citava Fernando Pessoa correntemente e expunha o pensamento de Clarice Lispector com sagacidade. Estava dominada por um delírio de grandeza. A certa altura ela se levanta, me encara com raiva, faz uma varredura em minha mesa e bota tudo no chão. Abre a porta e foi-se com a mãe sem se despedir de mim. Mas na semana seguinte lá estava ela em seu horário.

Momento crucial: Passagem da escuta do Outro da paranoia para Outro do real.

Estava atendendo um paciente. A secretária nervosa bate na porta. Estranho. Jamais fizera isso – "Doutor, a família do Antônio está chamando-o para uma urgência: a mãe dele está no telefone". Despeço-me do paciente. Digo-lhe que tenho uma urgência e lhe ligaria logo que possível.

- "O senhor precisa vir correndo aqui. O Antônio está no encontro de duas ruas, escondido. Agressivo com estranhos e a polícia. Ele diz: só o Dr. Checchinato senão não saio daqui".

Paranoia de perseguição o atormentava impiedosamente. Corri para o centro da cidade. Quando ele me viu desarmou-se na hora.

- "Doutor, querem me matar, a polícia está aí armada".

Eu o acolho. Ouço-o... "*Digo-lhe que ele pode enfrentar aquele povo que se acumulara desde que ele cuidasse do caminho dele e parasse de se incomodar com o povo. A vida dele era dele. Não tinha que dar satisfação para aquele povo que lá estava*". Ele me ouviu. Sua mãe: "filho, vamos para casa". E ele, dócil, seguro, foi para casa.

Freud viu bem: *"a transferência é da ordem do eros"*.

A secretária do Departamento de Psiquiatria da Unicamp me liga: "Professor, a chefe da enfermaria da pediatria precisa falar com o Senhor com certa urgência". Ligo imediato. "Estou com um garoto de sete anos que se recusa a comer".

Ao chegar à enfermaria pergunto às enfermeiras: *"quem de vocês se dá melhor com o Paulinho ou com quem de vocês ele se dá melhor?* Todas indicam a preferida.

Eu lhe digo: *"eu vou precisar de você para resolver o caso do Paulinho"*.

Aproximo-me do leito e abro a conversa com ele. Lúcido, diz que não tem vontade de comer. Que está muito triste, com saudades da mãe. *"Quero sair daqui"*. *"Aqui é muito triste"*. Eu sabia que ele não tinha patologia maior.

Depois de o escutar e de propiciar que aprofundasse a exposição de seu sofrimento: *"Mas como poderá voltar para casa se você não ajudar você mesmo. Sem comer você para de cuidar de você. Você não está ajudando para voltar logo para a casa. Aqui sua mãe não pode ficar. As mães das outras crianças também não podem ficar. Você tem que enfrentar esses dias de ausência dela. Só assim voltará curado para casa"*.

Ao sair, recomendo à chefe que a enfermeira com transferência com ele fosse a única a cuidar dele.

Passou a comer no mesmo dia. Colaborou ativamente para a alta.

Na ausência do pai, Um-Pai exerce a função do Nome-do-pai, castra a criança da mãe e reordena a pulsão em relação à ordem médica e às regras da enfermaria.

Estava tranquilo ouvindo meu paciente no consultório. De repente Carlos, fora de si, muito nervoso, irrompe na minha sala. Muito agitado: "Doutor, a polícia está lá embaixo na rua, ela quer me pegar".

Peço licença ao analisando, ele entende. Digo-lhe que lhe ligarei mais tarde.

Carlos, descontrolado, dominado pela paranoia. Fecho a porta. Peço que ele se sente. Pedi que me contasse o ocorrido.

O tratamento ia tão bem. Ele conseguia vir ao consultório a pé, sozinho.

Aquele dia ao chegar a meu endereço havia uma patrulha de rotina na rua. Ele colou o imaginário paranoico dele nos policiais e esse real se lhe tornou desesperante, insuportável. A angústia era extrema. O imaginário de repente se deparou como "ameaça" real.

Ele tinha uma única certeza: *Ele sabia que o analista o acolhia em sua "perseguição" e que ali ele estava seguro.*

A loucura é o limite do ser, mas ela é do ser. É preciso incorporá-la na vida cotidiana. É preciso conviver com ela. Criar espaço e escuta para ela poder ser suportada e superada. Em férias ou feriados, durante o dia ou durante a noite os telefonemas:

- "Doutor, não estou bem".

- "Doutor, não consigo dormir".

O Whatsapp tilinta: eu o abro. Conforme o conteúdo da mensagem respondo ou deixo para a próxima sessão.

Só a palavra ordena, só a palavra castra.

A palavra vem antes. Ela ordena a pulsão, ela destrava a pulsão. A palavra castra: ela encaminha a pulsão à sublimação. Tira-a do gozo imediato. Submete-a à Lei. A castração decide o anormal e o normal.

Contudo, só a palavra no embalo e na força da transferência. A palavra sem "discurso intermediário". A palavra terceira, jamais a palavra dual, embromação da "utópica retificação do imaginário", sombria promessa de cronificação.

A palavra precisa, significante, "unidade de ser única". A palavra entre as palavras aquela sútil, cheia, "precipitante" (Freud), captada, no silêncio perspicaz do analista.

Intervenção única, a palavra que castra, que liberta. "Intervenção cirúrgica" (Freud). Pontuação exata. O ponteio certeiro reproduz o acorde, refaz a harmonia. Por isso, intervenção libertadora, pela verdade restabelecida: "o verdadeiro é sempre o novo" (Lacan). Re-subjetivação, re-conciliação consigo mesmo. Mas somente se autenticada pela resposta clínica do a posteriori.

Sempre duas efetuações eficientes e eficazes: "descascamento" (Lacan) do imaginário, desmascaramento do museu de imagens, des-mistificações das miragens egóicas. Narciso encantou-se com a casca e acabou suicidando Narciso. Quem se enleva com a casca da banana nela escorrega mas não a come. E de outro lado des-velamento da aletheia, da verdade oculta nas manifestações do sonho do ato falho do esquecimento, do titubeio do discurso...

Um projeto iluminista, a busca da verdade, verdade única, re-construção que liberta o sujeito de uma dessas duas escravizações. Ser de dupla facticidade. De servidão involuntária.

O insuportável de existir pelo possível de existir. A energia pulsante encalacrada, destravada pela palavra, re-encaminhada à sublimação na obra, na cultura. A energia pulsante desviada na fabricação de patologias físicas ou mentais, redirecionada para reconstruções da vida e da cultura.

Intervenção benfazeja porque castra, faz ato, cria o novo, efetua avanço, superação, redime o mal, restitui a satisfação na dura obra de existir, abre horizontes de desejos, sustenta a constância de projetos, re-dimensiona o "viver é muito perigoso" (G. Rosa), a "imensa responsabilidade de viver" (F. Pessoa).

"Fazer da vida uma obra de arte" (F. Pessoa). Portanto, psicanálise. Nem sugestão, nem conselho, nem "coaching", nem psicoterapia. E, sim, decifração, descoberta, criatividade, invenções, o novo. Sujeito e liberdade, sinônimos. A cura é por acréscimo, apesar do analista.

Ela entrou com cefaleia, ele com "queimação no estômago," ela com má digestão, ele com refluxo, ela com constipação, ele com tontura, ela pilhada, ele com ódio, ela triste, ele ressentido... Partem e os sintomas desapareceram.

Atender os pais (causa) nos problemas com os filhos (sintomas) re-ordena a pulsão da criança à sublimação na cultura.

Pulsão "encrencou" no dormir, na dependência de pai e mãe, no comer, no brincar, nos esfíncteres, na higiene, na convivência, na inveja, nos ciúmes... analisados os pais, sem conselho, sugestões ou orientações, eles desembaraçam o enrosco a partir da mudança interna deles. Às vezes sem intervir no real. Apenas por telepatia, essa comunicação misteriosa entre as pessoas sobretudo as que se amam.

Este escrito não seria possível sem o que aprendi com meus pacientes. A dor e o sofrimento deles me conduziram. Ensinaram-me o que é o abismo da loucura: um sujeito desesperadamente cindido, distante de si mesmo, comandado por um Outro devastador que o manipula despoticamente e a tragédia: ele acredita que é ele que é assim. Uma ausência que até ao corpo desce.

Minha mais profunda gratidão por ter podido compartilhar o sofrimento de tantos "doentes", essa experiência foi uma riqueza em minha existência.

Minha imensa gratidão a Freud e a Jacques Lacan, a Serge Leclaire e a Maud Mannoni e a outras/os colegas que me ensinaram a abrir a alma e o coração ao sofrimento radical dos psicóticos.

Segue a clínica: o testemunho de alguns deles.

Marina

Marina, 15 anos, filha única de pais tardiamente casados e aposentados, sempre apresentou comportamento normal com exceção de certa resistência à troca de roupa e a "certas desobediências".

Pela época da menarca, deu início a um processo regressivo: principiou por não ir bem na escola. Finalmente abandona os estudos, fecha-se em casa e se recusa a aparecer em público. Deixa os hábitos de higiene: não toma mais banho e não escova mais os dentes. Abandona suas roupas e passa a usar os pijamas usados do pai. Durante o dia, vive sobre o tapete da sala em companhia da cachorrinha Lica e, à noite, dorme no leito conjugal, no lugar do pai, que se habituou a dormir em outro quarto desde os 6 anos da menina. Ela come em um pequeno pirex com uma colherinha de chá. De tempos em tempos, urra como um animal selvagem e se masturba veementemente. Os vizinhos chegam a pensar que ela está sendo agredida pelos pais.

Aos poucos, seus pais se veem totalmente envolvidos por ela. Suas exigências chegam ao auge; não permite que eles se ausentem e exige que façam todas as suas vontades.

Os pais abandonam tudo: os amigos, a sociedade e se dedicam totalmente a satisfazer suas vontades. "A mãe não a abandona um instante sequer", diz o pai. Ela redobra suas exigências através de gritos, urros, violências, chantagem de suicídio. Os pais se desequilibram totalmente, e passam a se agredir. O progenitor pensa em se suicidar.

Marina, por sua vez, encadeia suas obsessões em acelerado ritmo. Recusa a fechar a janela de seu quarto; "precisa" colocar o pijama embaixo da cama; "bater o par"; se colher um botão de rosa, é preciso colher o outro, para ele não ficar sozinho; não acende o fogo; não abre a porta do quintal; não permite que a Bíblia do pai permaneça em cima do criado--mudo; não toma leite nem come verdura do sítio do pai porque vem da merda e "eu sou merda"; "vou ficar um ano e meio sem tomar banho"... Os pais se veem desbussolados: com medo de que a filha sucumba em algum desatino, moldam-se a exigências cada vez mais acirradas.

Seus fetiches (cachorrinha, revistinhas...), como significantes de uma mesma cadeia, se multiplicam ao longo de sua doença. E Marina, não menos significante, diz ter anulado um ano de sua vida, o ano em que se tornou mulher, o ano em que encontrou na doença uma "saída de saúde" (Mannoni M.). Não podendo fugir à eminência de seus seios que a provam mulher, simbolicamente cobre os mamilos com quadrados de esparadrapo.

Por essa época, os pais procuram todos os recursos disponíveis. A menina foi levada a dois psiquiatras, a dois psicólogos e a um clínico geral. A opinião de todos foi sempre a mesma: esquizofrenia.

Um dos dois psiquiatras aconselhou a internação. Como a paciente se recusasse à indicação, a ambulância, com duas potentes enfermeiras, veio quebrar-lhe a resistência a domicílio. Durante 51 dias, Marina curtiu com ódio sua reclusão. Descreve a internação em termos trágicos e não poupa qualificativos incriminatórios aos pais e aos médicos. Arquiteta os mais diversos estratagemas para fugir aos esquemas de punição e reforço com que a encadeiam.

Regressada ao lar, a mãe é internada numa clínica de repouso por causa de estresse. A menina passa a viver com uma tia, a quem passa a odiar. A mãe se refaz e o lar se recompõe - mas por pouco tempo.

Marina volta a apresentar os mesmos sintomas. Mais uma vez, o sistema de reclusão do doente mental é movimentado. A menina é convidada a acompanhar os pais ao hospital X, onde a mãe deveria receber determinado tratamento. Ela se recusa a sair do carro. Os pais entram no hospital. Eis que, de repente, aparecem duas fortes enfermeiras que a convidam a entrar. Ela compreende tudo. Pensou em fugir, mas acabou cedendo mais uma vez. Durante 40 dias, movimenta sua bela inteligência para desmontar os esquemas de tratamento e não ceder às chantagens no isolamento e "na injeção que deixa tudo vago".

Marina guarda uma visão muito negativa dessa psiquiatria. Tem mágoas profundas, sente-se desrespeitada, traída pelos pais, pelos médicos, pelas instituições. "Ninguém quis saber o que eu tinha, todos disseram o que eu era" [13].

Na escola, Marina foi sempre boa aluna. Estudou até a 6ª série.

Os pais de Marina, tendo-se casado com certa idade, não se entendiam.

Tinham pontos de vista bem diferentes sobre filosofia de vida. Em matéria de educação, o pai cedera tudo à mãe, dizendo que, como ela entendia mais que ele, competiria a ela conduzir a orientação de Marina. Discutiam frequentemente e se desentendiam com certa violência, e isso sempre em frente de Marina[14].

Encontramos aqui o segredo da doença de Marina. Ao deixar a educação de Marina por conta da mãe, na realidade o pai se ausentou de várias maneiras em sua função paterna. Essa carência deixará a mãe perplexa, perdida em sua função, e Marina, por sua vez, viu-se desorientada no âmbito da lei. "Você faz tudo o que eu quero", diz ela à mãe. Essa abstenção da função paterna levará Marina a não assumir seu corpo como corpo próprio, nem corpo de uma mulher. Esse "você faz tudo o que eu quero" a precipita num vórtice desesperante: vê-se inteira no jogo e no gozo da pulsão solta que a incapacita de ser sujeita de desejo.

O pai não só se retraiu como passou a menosprezar a filha frequentemente com um discurso agressivo e, não raro, desvalorizando-a como pessoa e como mulher. Com a vinda da puberdade, Marina se vê às voltas com o sinal de que seu corpo é um corpo de mulher. Sentada na cadeira do papai: "Eu sou homem, sou um machão".

Marina, na carência da função paterna, recorre à fantasia dela: ela não vê como assumir seu corpo de menina a transformar-se no corpo de uma mulher. Tenta segurar-se menina da mãe, mas a urgência da idade e da menstruação a convoca ao real. Tudo isso num sofrimento atroz.

Vestindo apenas o pijama usado do pai, não tomando mais banho, seu cabelo emaranhado e seu corpo sujo, tudo se complicava tristemente em dias de menstruação. Virava-se como podia, e a mãe apresentava imenso sofrimento por ver a filha recusar toda e qualquer ajuda de sua

13 Foi nessa época que o "caso" Marina me foi trazido pelos seus pais.

14 Da parte do pai, há um "irmão que morreu louco", uma irmã débil mental que teve influência enorme sobre Marina no período agudo de sua doença e um sobrinho que esteve internado em hospital psiquiátrico.

parte. O pai, desde o começo do tratamento, mostrou-se arredio, resistente em assumir sua posição de pai e, desconfiado, mostrava-se infenso ao tratamento e ao pagamento de honorários.

Essa ambivalência acabava sempre surgindo de uma maneira ou de outra: "Eu não a quero mais como minha filha, se você continuar a desrespeitar sua mãe", posição estruturante da função paterna, de um lado, e, de outro, como ela não dormia, ela batia na porta do quarto dos pais, e o pai: "sua vagabunda, sua preguiçosa"... Marina saindo da cadeira do pai, que a interditara: "Esta besta, esta burra, não tem vergonha mesmo. Esta cadeira está quente"... Ele grita: "Você só serve para fazer bosta". Além disso o pai sucessivamente a comparava à tia Marilena que "não batia bem": "Você quer ser igual à tia Marilena"?

Marina não encontra o reconhecimento necessário na palavra do pai, e isto lhe retira o recurso para se reconhecer na mudança pubertária. Este não reconhecimento iria inviabilizar sua existência. À Marina não acudiu o Nome-do-Pai na infância e agora, em plena crise da puberdade, essa ausência marcaria presença, não permitindo a passagem de menina para mulher.

Marina estava desestruturada como filha, como mulher e, consequentemente, como sujeito. Os pais, curvados sobre ela, acabaram, involuntariamente, facultando tal desestruturação: deslocados de suas posições, a de pai e a de mãe, viviam com a filha uma relação circular, não lhe oferecendo a posição estruturante da relação triangular.

Invadida de todos os lados pela mãe superprotetora e desamparada da função paterna, vê desmoronar seu mundo simbólico, e a única alternativa que lhe sobra é ser desejo dos desejos de sua mãe, soçobrar na hiância do vazio da loucura.

Na medida em que os pais de Marina, graças ao tratamento psicanalítico, se estruturam como marido e mulher, como pai e mãe, na medida em que a autoridade do pai fora restabelecida, Marina, castrada, encontrou seu lugar de filha, de mulher e de sujeito. A mãe curvada sobre a filha a retinha numa relação dual, impedindo-lhe o efeito da castração. Bem-intencionada, desejava proteger a filha das investidas desestruturantes do pai. Era preciso que se impusesse a palavra do pai para que essa relação mãe-filha fosse rompida e Marina entrasse no circuito simbólico da palavra, da Lei.

As mais diversas situações e atitudes familiares que simbolizam essa desestruturação são analisadas ao longo de um ano e meio de trabalho. Os pais, na medida em que a análise progride, recompõem seu relacionamento mútuo e, a dois, tomam posição firme com a filha. E esta, por sua vez, se encontra, já que a função paterna e a função materna reordenam sua pulsão solta.

Já no início da análise, foi fundamental desincompatibilizar os pais de seus sentimentos de culpa por ter a filha doente. Inteligentes, compreenderam logo que a doença mental é tão normal como a orgânica. O seu único e grave problema é a tendência a querer afastá-la como uma tara ou uma vergonha. É inconcebível que os pais a assumam como culpa. Eles tinham muita vergonha de serem pais de uma filha em tal estado, além disso, tinham muita vergonha dos parentes e vizinhos.

Decorre daí que Marina precisava ser aceita em sua "viagem", que precisava ser respeitada nos seus mais diversos descaminhos, quero dizer, era importante que os pais permitissem a "doença mental", lhe dessem direito a um lugar e não mais a violentassem com os estigmas da loucura. Mas como a posição dos pais não é discutível, é algo que lhes advém da própria estrutura da instituição, era importante que não tergiversassem diante das imposturas de uma filha com pulsão desordenada, que tinham dentro de casa.

A mãe se retira da cena e começa a surgir o representante da Lei, o pai, isto é, sua função de Nome-do-Pai (Lacan). Marido e mulher passam a se respeitar mutuamente, e a palavra do pai, reconhecida pela mãe, assume o poder de lei.

Os pais não dão mais explicações de suas saídas a Marina e agem como entendem. Ela reage de mil maneiras e com mil reações (até com chantagem de suicídio), mas em vão. Quando eles lhe pedem ou exigem algo dela, procedem com autoridade, agem com firmeza e não mais como joguete nas mãos dela, o que a fazia desesperada, perdida em seu ódio e em suas invectivas.

O marco histórico da recuperação de Marina foi um ponta-pé no rosto que o pai lhe aplicou quando, agarrando-o pelas duas pernas, ela queria impedir que eles saíssem. Mais tarde o pai achou por bem lhe dar um tapa, e a mãe, outro, em circunstâncias que exigiam a definição de suas posições.

Os pais aos poucos retomam sua vida social. Saem para jogar baralho entre amigos, ir ao cinema, apesar dos protestos violentos de Marina. Abrem a casa para receber parentes e amigos que respeitosamente se tinham afastado, por imposição de Marina e, claro, pelas não condições de asseio dela.

Marina multiplica as represálias: esconde chaves, tranca portas, estraga os objetos de uso deles como bolsas, e outras coisas. Os pais não revidam as represálias nem pedem explicações: eles as silenciam simplesmente. Isto fez com que ela se responsabilizasse pelo que fazia.

Por sua vez, as roupas usadas por Marina não mais eram usadas pelos pais, e o pai não permitiu mais que ela usasse seu pijama. O pai retoma seu lugar no leito conjugal. Marina deita-se por cima dos dois. Mas, aos poucos, a posição firme e segura do pai a leva a deixar o quarto. "Este quarto é meu", diz o pai.

Num esquema significativo, eis o processo:

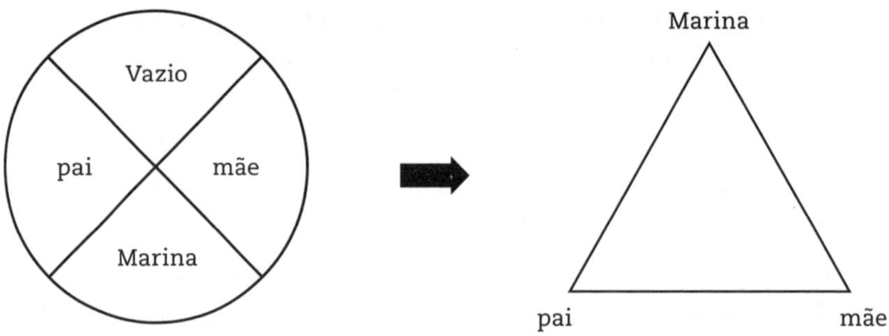

Leia-se: da relação circular ou dual Marina passa à relação simbólica, aquela que lhe é destinada, isto é, a posição terciária, de filha, e perde a de par, que a deixava no vazio de sua identidade.

Símbolo das viagens de Marina:

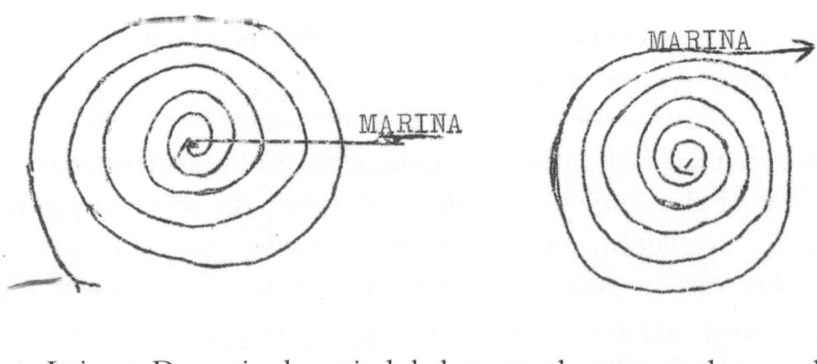

Leia-se: Do vazio da espiral da loucura ela, convocada ao real de sua viagem abissal, graças à função paterna, reordena-se em sua pulsão de morte e retoma o caminho de volta. A começar pelos mais humildes, reencontra o Outro que lhe vem em libertação e não mais no abismo da escravidão de delírios e alucinações.

Os pais, amparados em seus conflitos, melhoram o relacionamento mútuo. Marina tenta se entrepor. Tenta impedir que os dois durmam, joguem e saiam juntos, mas acaba cedendo. Acaba por admitir o jogo de baralho dos dois, cede a que os dois retomem o leito conjugal. E, ela, no lugar dela, apazigua-se, encontra-se.

Ela tenta se agarrar à cachorrinha Lica, objeto-feitiço e testemunha de sua loucura, cobre-a de carinho e a estufa de alimentos, objeto do amor que não consegue dar ao outro. Mas Lica morre. Apegou-se, então, a revistinhas infantis de seus tempos de criança. A mãe simplesmente deu fim nelas. Ao voltar do hospital, ela as procurou e, não as encontrando, interrogou a mãe: "Joguei fora, aquilo é coisa de criança não de uma mulher como você". Marina se aliviou. Marina se recolhe então para seu quarto. Em todos esses lances, o importante é manter certo nível de angústia de Marina ("fossa", "tédio", como ela diz). É na medida em que a angústia a afoga que Marina grita, reage, e surge Marina, Marina filha, Marina mulher, Marina sujeito[15].

Por essa época, Marina retoma a amizade com uma prima jovem, e esta passa a ser e a propiciar aquilo que a antipsiquiatria aquilata como algo importante para a viagem e a recuperação do doente mental: "*a qualified friend*".

Lentamente, Marina inicia seu caminho de volta. Os pais passam a agir conjuntamente, e as atitudes de um são corroboradas pelo outro. Eles assumem a posição de base que, de direito e de fato, lhes compete: a posição basilar do relacionamento triangular. Marina passa a se encontrar na posição terciária, isto é, de filha e, portanto, de mulher, de sujeito.

Os pais retornaram à vida social e Marina se reciclou na sociedade, passando a viver normalmente com os pais, com os amigos, inclusive voltando a frequentar o clube de que os pais e ela são sócios. Põe biquíni e frequenta a piscina.

No caminho de volta, Marina começa por deixar o quarto dos pais logo que os pais apagam a luz. Embora tentasse de novo dormir com a

[15] Durante esse tratamento, Marina era medicada quando possível com 10 gotas de Trepiridol. Ela ignora que os pais, a conselho de um amigo psiquiatra, lhe ministram a poção, que, aliás, é dose mínima.

mãe, finalmente se retira para o seu quarto e deixa aos pais o quarto de casal. O quarto dela, a mãe o preparou enquanto o trabalho de análise continuava e ela estava na última internação: colocou cortina, revestiu o colchão com lençóis e colcha novos. Marina, no início, retira os lençóis e dorme no colchão. Pede a colcha e a manta da mãe. A mãe, firme, recusa os pedidos. Isto seria uma maneira de ter o leito conjugal no quarto dela. Contudo, diante da firmeza dos pais, Marina cede, ou seja, assume-se. Passa a vestir-se com roupas de mulher. Com calça comprida. Toma seu banho e volta a escovar os dentes.

Do ponto de vista social, Marina recomeça seu caminho de volta pelos mais humildes: descobre a empregada, conversa com ela, e a primeira vez que sai à rua é para ir à casa dela. Imaginem o susto da mãe que, ao chegar em casa, não encontra ninguém. Mas um bilhete da humilde senhora a acalma e a faz feliz.

Marina abre a janela da rua sem saída em forma de ferradura que dava para uma pracinha, esconde-se agachando na janela para não mostrar o corpo revestido do pijama do pai: chama o pipoqueiro e o sorveteiro que habitualmente passavam pela rua e com eles conversa longamente. Atende ao telefone que há muito se recusava a atender. Atende à porta. Vê a TV. Aos poucos telefona aos parentes, aos amigos. Recebe-os em casa, conversa com todos. Passa a brincar com as crianças da rua. Frequenta o clube e, às vezes, vai à missa com os pais. Marca consulta com um oculista, manifesta desejo de retomar seus estudos, entra em contato com uma freira cuja congregação mantém uma escola em que Marina estudava. Fala em fazer o supletivo, pois parou de estudar na 6ª série.

Em seu "primeiro" aniversário enquanto os pais estavam na primeira etapa do tratamento comigo, não quis festa, não quis receber ninguém e destruiu todos os presentes. No "segundo", fez festa, guardou uns presentes e os restantes, deu. Restava ainda um longo caminho a percorrer, mas o percorrido era mais do que a metade.

Conclusão

O drama humano se desenrola na palavra. A palavra vem antes. Na palavra que veicula a Lei, na palavra que transporta as estruturas subjacentes às instituições da sociedade e o homem, como animal de palavra, surge com uma alternativa apenas: ou ele se deixa moldar por ela ou ele soçobra na hiância das trevas da loucura.

A palavra rompe a relação dual, imaginária com a mãe e estabelece a relação terciária, simbólica. O nomear, o "nome-do-pai", institui esta relação benfazeja e constituinte do sujeito como terceiro, ou, simplesmente, como sujeito.

Marina, envolta na dedicação onipotente da mãe, se asfixia na relação dual que o pai se recusava a romper. A palavra do pai (Nome-do-Pai) intervém, separando-a da mãe. Impede a mãe de guardar a filha como seu complemento (*falus*). Interdita à Marina o prolongamento da simbiose. Marina, arrancada à união difusa, respira sozinha. Marina pode dispor de sua individualidade. Marina se encontra sujeito, se encontra Marina. Castrada, abre-se-lhe o acesso à ordem do simbólico e da linguagem, e ela encontra seu significante original: o nome e o lugar que lhe são destinados a ocupar na estrutura familiar, e na cultura, na sociedade.

Infelizmente, o pai, sem disposição para acompanhar o tratamento, recusa-se a vir às sessões de análise e regride no exercício de sua função paterna. Cansou-se de Marina. A mãe, durante certo tempo, continuou a vir às sessões. Mas viu-se incapaz de sustentar o processo de cura de Marina, uma vez que a ambas começou faltar de novo a função paterna que ela, como mãe, não podia suprir. Marina fecha-se no banheiro e chora muito tempo. Diz que vê "estrelinhas". A vida que tinha reconquistado começou de novo a se turvar. Seu mundo, frágil que era, começou a desmoronar de novo. Ela fala de seu desamparo, fala em suicídio pois não encontra razão de existir. Fala em atirar-se de um prédio. Morde a mão e o braço na procura de um corpo próprio, de uma identidade que lhe foge na carência paterna, morde o corpo para sentir que ela existe, morde o corpo para certificar-se de seu real e não sucumbir no mundo fascinante do imaginário solto e vazio. Esse retorno da crise é algo extremamente benéfico, ele confirma que o procedimento clínico estava certo. A superação dessa reincidência, clinicamente falando, seria a cura de Marina.

Na véspera do dia fatídico, ela sofre uma rejeição explícita do pai numa discussão violenta. Ela, chorando, jogou-se na cama da mãe de maneira dramática. "Na véspera, também telefona à tia e avisa que irá fazer uma viagem longa". "Longa", sem volta. No dia seguinte, ela se precipitou do nono andar. A marquise do térreo a acolheu em seu desfalecimento. Os sofrimentos do pai e o da mãe foram tão intensos que vieram a falecer não muito tempo após a morte da filha.

Para certas pessoas, o enlouquecer ou suicidar-se se apresenta como única saída. A "ananké" (desordem) (ἀνανκὴ) se apodera do sujeito de uma tal maneira, que a morte se torna encontro marcado com a "tugué" (τυχὴ), destino.

Marina, inteligente, brilhante, com virtualidades abundantes, estiola-se no vigor da juventude. Embora tenha conseguido encontrar seu lugar na família, na sociedade, no mundo, seus sofrimentos a submergiram. Não resistiu.

Reflexão:

1. Reitera-se aqui a observação de Freud de que a doença psíquica se manifesta nas três grandes crises da existência humana: castração, puberdade, menopausa ou andropausa.
2. Marina confirma o que a psicanálise descobre: a subjetividade e a civilização provêm da repressão e da canalização da pulsão, graças à estrutura simbólica da linguagem. E as patologias, como bem observa Freud, implantam-se numa das três crises da existência humana. A desestrutura de primeira crise de Marina renova-se com peso maior na puberdade, e ela sucumbe na passagem de menina para mulher.
3. Este caso evidencia que uma é a função da mãe e outra, a função do pai. Contudo ambos são complementares. Quando os dois atuam no mesmo sentido na condução da pulsão do filho à sublimação, à civilização, o filho se ordena e encontra o seu lugar terceiro em relação aos pais. Quando um dos genitores afrouxa em sua função ou se retira, o desequilíbrio e o desajuste do filho aflora de imediato. Em caso de estrutura psíquica frágil do filho as consequências sempre são sérias senão fatais.
4. Inspirado em Freud (sobretudo "Os Três Ensaios", "O Pequeno Hans"), em Maud Mannoni (toda sua obra e sua prática), em Françoise Dolto e sobretudo em Jacques Lacan, para quem o filho é o objeto-a da mãe, há anos desenvolvo esse trabalho de análise dos pais e não da criança. O filho é sintoma dos problemas dos pais. Analisados os pais, o sintoma da criança tende a desaparecer. Em meu trabalho "Análise de Pais, Criança Sintoma dos Pais" (Cia. de Freud), exponho a teoria e a prática desse procedimento analítico.

"Para mim ser é admirar-me de estar sendo" (FERNANDO PESSOA)

Meus problemas começaram a aparecer, que eu me lembre, aos seis anos de idade, ao passar para a então primeira série escolar. De repente, comecei a sentir temores e sensações estranhas, dormir mal e ter pesadelos, sentir uma angústia inexplicável para uma criança da minha idade.

Certa noite, de repente, aos sete ou oito anos, ouvindo uma música bonita e triste da nossa MPB de então, "Disparada", quando Jair Rodrigues cantou o solene: "Prepare o seu coração/ paras coisas que eu vou contar/ eu venho lá do sertão/ eu venho lá do sertão/ e posso não te agradar", uma sensação horrível me sacudiu: uma angústia inexplicável, uma tristeza que não era uma tristeza qualquer, mas uma depressão profunda. Eu senti um vazio enorme: por alguns segundos era como se eu não existisse mais, não eu enquanto corpo físico material, mas enquanto sujeito. Era uma opressão insuportável no peito, ainda mais para uma criança ainda vulnerável e imatura.

Logo depois disso comecei a sentir tonturas e era como se as paredes da casa onde eu morava fossem desabar sobre mim. Eu sentia um medo inexplicável: medo de perder a razão, de ficar louca.

A partir daí, comecei a ter "crises" de angústia, medo, depressão, e por que não, verdadeiro "pânico", na falta de outra palavra (se é que existe), que possa traduzir essa despersonalização, essa perda do "eu". Começaram a me tomar por louca mesmo, inclusive meus irmãos, que, na sua ingenuidade, praticavam um *bullying* até maldoso, mas porque eles ficavam assustados com as crises e com os meus gritos de horror.

A hora de dormir era um verdadeiro pesadelo. Tinha medo de dormir no escuro (aliás, tenho essa fobia até hoje), só dormia com uma leve luz acesa. Tinha pesadelos e dormia mal. Acordava durante a noite e demorava a dormir. Não tinha um minuto de paz. Eu mesma me atormentava com pensamentos delirantes e deixava de viver a realidade do meu corpo, nessa altura já quase pré-adolescente. Tornei-me mais fechada e tímida. Mudei para uma escola pública de que não gostava, não conseguia fazer amizades, pois vivia encerrada no meu mundinho autista e sombrio.

Apeguei-me muito à minha mãe, e ela, sem o saber e sem o desejar conscientemente, só contribuía para a minha piora. Ela tinha muita pena de mim, e me mimava preocupada com a minha magreza excessiva – já que eu perdera totalmente a fome, e estava praticamente anoréxica.

O sofrimento mental e o abismo pelos quais passei em tão tenra idade eram muito maiores e mais profundos do que eu possa descrever – extrapola as palavras. Era uma angústia mais do que existencial, era uma dor lancinante, uma sensação de inadequação e estranheza perante o mundo e perante mim mesma. Um desamparo total, uma impossibilidade de comunicação e de partilha da dor, uma solidão – a pior solidão que possa existir que é sentir a própria ausência. Perante o médico a que meus pais me levaram, eu me sentia impossibilitada de lhe falar, havia como que um muro intransponível entre nós.

Depois de me "examinar", o médico chamou minha mãe e lhe deu uma receita. Eu sempre fui muito curiosa e, quando ela comprou o remédio (Triperidol, se não me engano), li a bula e aquilo foi como uma facada no peito: era um medicamento indicado para pacientes com esquizofrenia. Aquilo ficou martelando na minha cabeça infantil e eu me perguntava: "Será que sou esquizofrênica"? Eu já sabia o que isso significava – a minha inteligência ainda estava intacta, e creio que isso foi o que me salvou, anos mais tarde quando fiz psicanálise, quando eu aprendi as artimanhas da loucura e como superá-la.

Eu não tive melhora nenhuma com o remédio. Só piorei. Dormia profundamente e não conseguia acordar no dia seguinte para ir à escola. Minha mãe precisava jogar-me água fria no rosto todas as manhãs. Logo depois parei com o remédio, não me recordo bem o porquê – pedido de minha mãe ao médico, talvez.

Lembro-me de que, nessa época do aparecimento dos sintomas, fiz vários exames para detectar alguma desordem neurológica ou orgânica.

Mas o resultado do exame foi absolutamente normal: não havia nada de errado com o meu cérebro. Mas então por que sentia aquela angústia e tinha aqueles pensamentos obsessivos que tanto me incomodavam? Por que me sentia uma estranha na escola? Por que não era igual aos colegas da minha idade? Por quê?

Mesmo assim, não perdia um só dia de aula, e não demonstrava minha doença a ninguém porque tinha vergonha, e porque não queria admiti-la para mim mesma. Só a minha família sabia. Minha mãe nunca contou nada na escola, e meus professores nem desconfiavam de nada. Não raro eu passava mal e tinha crises de medo e angústia na escola. Então pedia para sair da sala e ia até o corredor chorar escondida.

É incrível como eu conseguia aprender e tirar boas notas em pleno surto. Foi quase um milagre. Eu sempre fui cristã católica e rezava muito. Creio que isso também ajudou. Na verdade, a escola me salvou do naufrágio, pois, através do estudo dos conteúdos e das aulas, eu me livrava por alguns instantes dos sintomas, ocupando-me com algo real, que não podia ignorar, e que muitas vezes me ancorava na realidade.

Quando os sintomas apareceram pela primeira vez, do final dos cinco aos seis anos, eu tinha uma mania persecutória de ordem religiosa: era como se o demônio me perseguisse; tanto que à noite, tomada de angústia e opressão, eu me deitava espremida só num cantinho da cama e deixava o outro canto para o diabo. Eu não podia invadir o canto dele. Por isso dormia muito mal.

Nessa época, minha irmã tinha uma amiguinha com quem tinha combinado passar o dia para brincar. Mas, na hora "H", minha irmã não quis ir e "embirrou". Minha mãe não teve dúvidas, puxou-me pelo braço e me obrigou a ir em seu lugar. A menina, a certa altura, me leva até seu quarto, se despe e me despe. Numa brincadeira infantil, ela me toca – não me lembro muito bem. É claro que senti prazer, mas, depois disso, lembro-me que fiquei muito deprimida, como se tivesse feito algo muito errado, e que seria castigada por Deus – foi aí que começa o medo do diabo e a angústia, que relatei acima.

A descoberta do sexo tornou-se, assim, dolorosa e culpável. O prazer que eu senti ao tocar (ou ser tocada) se transformou em depressão – ou seja, o prazer que eu senti virou pecado.

A família de minha mãe era muito esquisita, para dizer o mínimo. Minha mãe tinha uma ligação exagerada com minha avó, não sei se em função da doença, ou se porque minha mãe era dependente dela, mesmo depois de casada.

Lembro-me das constantes brigas de meu pai com minha mãe por causa da ligação afetiva exagerada que ela tinha com a minha avó.

A presença de minha avó, em especial, me angustiava muito. Eu a observava desde pequena, desde que me entendo por gente, e tentava entender por que ela era daquele jeito. Ela gritava o nome de minha mãe o dia inteiro, como que pedindo socorro. Tinha medo de sair e andar sozinha, de atravessar a rua. Certa vez, eu devia ter uns quatro anos, eu saí de mãos dadas com ela, quando ela ainda saía sozinha e, na hora de atravessar a rua, ela "empacou" e não ia nem para frente nem para trás. Eu que era criança tive que puxá-la pela mão e conduzi-la, antes que fôssemos atropeladas.

Ou seja, minha convivência com a loucura começou cedo, eu aprendi com minha avó e minha tia. Eu observava cada gesto, cada palavra, cada expressão dos olhos e da face, cada sintoma... Tentava entender aqueles medos, aquelas manias e fobias, aquele sofrimento.

Era um medo inexplicável em palavras. Um abismo profundo entre a realidade e o delírio – pensamentos avassaladores; nada mais fazia sentido. Já acordava angustiada: era como se a realidade externa fosse apenas um sonho - não conseguia mais distinguir entre o sonho e a realidade. Às vezes tinha a fantasia de que meus pais e familiares eram substituídos por clones (naquela época nem se falava sobre isso) – mas que, na verdade, eram outras pessoas apenas fingindo ser meus pais, nos quais, por serem alienígenas, eu não podia confiar.

Mas o pior de tudo eram os fins de semana, principalmente os domingos. Meus irmãos tinham a sorte de ficar com meu pai, e eu e minha irmã, por sermos meninas, ficávamos com a minha mãe e íamos à missa junto com minha avó e minha tia.

Quando eu passei a sentir os sintomas da doença, era comum ter crises dentro da igreja, na hora da missa. A angústia era tanta que as paredes e o teto da igreja pareciam que iam desabar sobre mim. Sentia-me perdendo a razão – não via sentido em nada daquilo –, contava os segundos para ir embora, fugir dali, sair correndo. Era uma angústia insuportável para alguém da minha idade.

Eu suava frio, não prestava atenção em nada do que o padre dizia, meu coração disparava, tinha a boca seca e os olhos semifechados. Então pegava na mão da minha mãe e dizia baixinho, com medo dos outros ouvirem: "– Mãe: estou me sentindo mal…".

Minha mãe, ao invés de sair comigo, dizia: - "Repita comigo: eu não tenho nada, eu não tenho nada..." Aquilo me irritava profundamente: "Como que eu não tenho nada?" – Pensava. Eu tinha que ficar lá, aguentando impassível, suando frio e com a cabeça a mil por hora, sem ter como explicar isso a alguém e ainda por cima tendo que disfarçar e repetir: "eu não tenho nada...".

Quando já tinha uns doze ou treze anos, minha mãe me matriculou num curso de desenho, pois achava que eu desenhava bem. Só que, na época, eu estava em crise de novo – era tempo de férias. Minha mãe me levava ao curso a pé – a escola era próxima de onde morávamos, mas eu tinha medo de ir só. Chegando lá, eu não queria entrar. Ficava "empacada" na porta como uma mula (tal como minha avó fazia). Ela, então, literalmente me empurrava para dentro à força e depois ia me buscar. Eu realmente desenhava bem, mas não desenvolvi esse talento porque ia às aulas forçada, não via aquilo como um desejo meu, mas sim de minha mãe. Eu era como um autômato – não tinha desejos, só obedecia a comandos.

Até que um dia, eu pirei. Era domingo depois da missa, eu tinha nove anos (esse relato não segue apenas o tempo cronológico: vai e volta – como a memória que não é linear) e estava na casa de meus avós. Então, do nada, comecei a chorar bem alto, agarrada a um cinzeiro, e dizia que tinha medo. O medo mais terrível que existe é o da aniquilação do eu. É um medo que nada pode aplacar, é a dor de se ver dividido.

Foi a primeira vez que meus sintomas se tornaram públicos. Naquele momento, eu me transformara na minha avó. Foi como se o bastão da loucura tivesse passado para mim, na terceira geração. Dali em diante eu teria o terrível destino de ser a continuadora da loucura familiar.

Dos vários irmãos, apenas eu desenvolvi a vocação para o abismo. Durante toda a minha infância, parte da adolescência e juventude, fui sempre só. Nunca pude dividir com ninguém as minhas sensações, os meus medos e loucuras. Sentia-me diferente de todo mundo. Meu mundo era praticamente incomunicável, as outras pessoas nunca entenderiam o que eu sentia.

A época em que cheguei mais perto de estabelecer uma comunicação com os outros sobre a loucura foi no ensino médio. Depois das crises na infância e no ensino fundamental, tive um breve período de melhora e remissão dos sintomas.

Havia feito uma "terapia" com uma psicóloga durante vários anos, logo depois que parei de tomar o remédio receitado pelo psiquiatra. Eu não entendia muito bem o objetivo da terapia. Eu falava sobre a minha vida. Certa vez, essa psicóloga aplicou em mim aquele famoso teste dos borrões coloridos, que hoje sei que servem para diagnosticar psicoses. Até hoje, não sei o resultado. Ela me aplicava também testes de Q.I., dos quais igualmente ignoro os resultados.

Não tive infância, nem adolescência. Por um lado, amadureci precocemente do ponto de vista intelectual. Fui precoce na fala, na escrita... mas, emocionalmente, sempre fui imatura e doente. Tinha medo de me separar de minha mãe. Tinha medo de viajar. De viver as mudanças no meu corpo adolescente. Nunca me olhava ao espelho nua.

Por breves períodos, eu alcançava uma relativa estabilidade. Então todos os sintomas desapareciam. Tudo começava a fazer sentido e eu chegava a ter algumas alegrias. Mas, pouco tempo depois, os sintomas reapareciam mais fortes.

Na segunda série do ensino médio, depois de um período relativamente tranquilo e saudável, tudo recomeçou. Nessa época, havíamo-nos mudado para outra casa, longe da casa de meus avós maternos. Foi um custo meu pai convencer minha mãe a se mudar, ela queria ficar perto da minha avó para cuidar dela.

Logo depois da mudança, meus sintomas pioraram. Meu rendimento escolar piorou um pouco, mas, por milagre, eu continuava a me sair bem nas provas. Eu tinha, então, medo de tudo. Nada tinha mais sentido, eu ia à escola, mas ia dividida, ninguém conhecia o meu segredo interior.

Eu fazia um exercício de não me identificar com os sintomas, como se fosse a minha própria expectadora. Eu era dividida entre mim e eu mesma, ou melhor, entre a realidade e a imaginação, entre a razão e a loucura, entre o delírio e o fato.

Meus pais, desesperados, pois eu estava inapetente e estranha de novo, com o retorno da fobia de ficar cega e do medo de ficar louca – na verdade já com pensamentos delirantes invasivos –, levaram-me a uma clínica cujos profissionais trabalhavam com hipnose e relaxamento. A "clínica" foi indicada por amigos de meus pais. Eu frequentei essa clínica por mais de um ano. Meus pais tentavam tudo o que lhes indicavam. Tinham pena de mim.

Depois de algumas sessões de relaxamento e hipnose, os sintomas regrediram. Eu me sentia mais aliviada, voltei a comer. Comecei a namorar, mas não gostava do rapaz. Ainda tinha crises, mas eram mais espaçadas. Aliás, a minha sexualidade estava toda bloqueada. Vivia como que desligada do meu próprio corpo e de suas sensações. Vivi a adolescência como uma mulher vive a menopausa.

Então parei o "tratamento", se é que se pode chamar assim. Pouco tempo depois, os sintomas voltaram com mais intensidade, a ponto de eu não me sentar mais à mesa junto com a minha família para as refeições. Eles me ameaçaram com a internação caso eu não voltasse a comer e a me sentar à mesa.

Nessa época, escrevia textos sobre meus sintomas. Eram verdadeiros delírios escritos, que me faziam entender que eu ainda era eu, que eu existia e que eu estava "fora". Eles me ajudavam a separar o meu "eu" do "eu" imaginário e sofredor, sempre às voltas com inúmeros sintomas dolorosos. Esses escritos organizavam o real, me acalmavam, e, lendo-os, eu ainda tinha certo controle sobre as crises, pois me "descolava" delas. Escrevendo, minha pequena *via crucis* se tornava um pouco mais suportável.

Tinha medo de tudo. Principalmente de ficar cega. E o pior era a despersonalização que sentia, pois me perdia de mim mesma, não sabia quem eu era ou se eu era alguém. Não sentia o meu corpo, nem que estava viva.

Aos quatorze, quinze anos, ia às festas "empurrada" pela minha mãe e irmã, mas detestava tudo aquilo. Era a época dos "bailinhos" com luz negra e luz estroboscópica, que pisca sem parar. Achava aquilo terrível: não suportava a música alta e a luz piscando. Começava a suar frio e entrava em crise. Tinha que sair para respirar, senão entrava em pânico. Parecia que estava perdendo a razão. Pior: sentia-me um nada – não conseguia participar das alegrias e descobertas de uma adolescência normal.

Nessa época o medo de ficar cega se acentuou, e eu que sempre enxerguei muito bem, passei a desenvolver uma fobia, canalizando todas as minhas energias sobre isso, fantasiando uma possível perda da visão e suas consequências. Sofria por coisas imaginárias, estava sempre tensa, desrealizada...

Nos momentos de crise, eu tinha o desejo de morrer: desejava a morte como quem deseja o fim do sofrimento. Já que viver não era possível, eu preferia morrer e descansar de tudo aquilo. Eu não tive trégua. Os pensamentos delirantes eram obsessivos e repetitivos. Foi então que acontecera algo que iria mudar completamente o rumo da minha vida.

Meus pais, mais uma vez desesperados, me levaram até um psicanalista recomendado pelo psiquiatra da minha avó. Quando cheguei a seu consultório, eu estava com uns quinze para dezesseis anos, mais ou menos, na época da segunda série do ensino médio, relatado anteriormente, que foi quando os sintomas se agravaram. Fui então levada por meus pais mais uma vez, sem muita esperança, apenas resignada e dócil como sempre, acostumada a ser conduzida por eles.

Mas logo na primeira sessão, eu vi que havia algo diferente. Sentei-me numa cadeira colocada lateralmente à mesa do analista - portanto, eu não o via de frente. Fiquei o tempo todo em silêncio. De vez em quando, me atrevia a olhá-lo de soslaio, e logo virava a cabeça, envergonhada.

Se não me engano, fiquei em silêncio o tempo todo e o que mais me espantou foi o fato de ele não ter interrompido o meu silêncio com perguntas ou frases: ele respeitava o meu silêncio.

Até que, não me lembro se foi naquela ou em outra sessão, depois de um longo silêncio, ele me disse algo, talvez para indagar o que eu estava pensando, ou algo assim. Eu então lhe disse, olhando-o de lado, que ele deveria estar adivinhando o que eu pensava. Para minha surpresa ele disse: "Como eu vou saber, se você não falar?"

Aquilo me tranquilizou. Finalmente alguém disposto a me ouvir.

Num primeiro momento, achei que ele fosse como a minha mãe, que "adivinhava" o que eu estava pensando (na minha fantasia, minha mãe era onisciente). É que nos momentos de crise, ela era minha confidente e eu contava os meus sintomas. Mas ela alimentava ainda mais a fogueira do delírio, talvez por ignorância ou até pelo poder que isso lhe dava sobre mim. Bastava um olhar seu ou gesto para eu entrar na doença. Ela conhecia a filha doente e ao seu modo queria protegê-la e colocá-la sob uma redoma e assim, mesmo sem o saber ou o imaginar, aplacar sua própria doença mental.

Pela primeira vez, depois de tanto tempo, encontrei alguém disposto a me ouvir e não a imaginar coisas sobre mim ou a me impor um tratamento *a priori*, como uma roupa pronta que tem que entrar de fora para dentro e à qual eu deveria me moldar...

Depois do longo silêncio e de vários olhares furtivos e medrosos, eu comecei a baixar a guarda. Então lhe perguntei: "O Senhor é médico?". Ao que ele me respondeu: "Por acaso eu lhe auscultei o coração, fiz algum exame médico com você?". Eu fiquei aliviada. Ele não era médico. Eu sabia que não precisava de outro psiquiatra nem de remédio...

Ele me atendia várias vezes por semana e me deixava à vontade para falar sobre qualquer coisa. Embora eu insistisse nos sintomas e esperasse dele a mesma reação de minha mãe para manter a doença, percebia que a escuta dele estava em outro lugar. E que ele não estava no lugar de minha mãe.

Isso me assustava um pouco, às vezes. Ao verificar que eu sempre levava desenhos ou textos nas sessões, e que era a única maneira que eu tinha no momento para me fazer entender – já que mal conseguia falar e o silêncio me assustava –, sugeriu que eu escrevesse meus delírios e ideias obsedantes, talvez para não submergir nelas, mas as ver de fora, materializadas em palavras escritas. Foi então que eu passei a relatar por escrito meus medos, angústias, fobias, lendo-os durante a análise.

Se eu não falasse, havia apenas o silêncio, que no princípio me incomodava, mas depois me encorajava a falar, porque me remetia a mim mesma e não ao que havia sido feito de mim pelos outros.

Aos poucos, ao me ver assim respeitada, fui me abrindo, lendo meus sintomas escritos para ele em folhas de papel, mostrando-lhe meus desenhos. Os sintomas eram então tão terríveis que eu tinha dificuldade para falar sobre eles e sobre mim. Falava de modo desordenado e caótico, muitas vezes com a ajuda dos textos e desenhos.

Então, aos poucos ele começou também a falar. Mas não era uma fala qualquer, ele jogava frases que ecoavam no meu inconsciente, e que funcionavam como âncoras, ou então como anzóis. Eu me agarrava nessas frases e as repetia mentalmente até a exaustão.

Por exemplo, ele fez um trocadilho com o meu nome, já que, pelo fato de meu pai ser italiano, o pronunciava de modo peculiar. Essa pronúncia aberta das vogais, típica da língua italiana, que fez com que a primeira sílaba do meu nome, "Sô", se transformasse em "Só", quando meu pai me chamava pelo nome (ele dizia Sónia, e não, Sônia), foi utilizada pelo analista de modo que mexeu muito comigo. Talvez para introduzir a figura do meu pai e poder me despertar da ligação exagerada com a mãe – que me fazia sofrer tanto. O "só" teve uma importância vital para a recuperação da saúde mental. Através da fala do analista, pronunciando meu nome tal como meu pai o pronunciava, e frisando a primeira sílaba – "Só", eu pude retornar à minha verdadeira identidade e reconstruir um sujeito fragmentado pela doença.

Lembro-me até hoje do bem-estar que se produziu em mim ao ouvir aquele som que lembrava o sotaque de meu pai, trazendo-me de volta a figura paterna que havia perdido. Eu era filha do pai também, não só da mãe... E era precisamente com o pai que eu encontrava o descanso, a trégua, o corte com a onipotência materna que estava me destruindo. Eu o repetia para mim mesma e tentava resgatar aquela sensação de paz (pai) que me invadia, longe do domínio materno.

Nessa época, paradoxalmente, os sintomas atingiram o auge. Eles eram permitidos, não eram negados ou desvalorizados como algo inútil. Ao contrário, eram os sinais que conduziam até o meu eu verdadeiro, que estava oculto... Lembro-me do terror que senti quando o analista, ao me ouvir relatar sobre o medo pavoroso de ficar cega, disse-me: "Mas você precisa correr o risco...". Nunca ninguém tinha me dito isso antes. Com a hipnose, a regressão, os medicamentos, os testes de Q.I. e o dos borrões coloridos, meus sintomas eram sempre negados e vistos como algo a ser combatido. Pela primeira vez na vida, eu podia correr o risco... Então fiquei apavorada e, ao mesmo tempo, aliviada. Um dia, estando em casa com minha mãe, e tentando me lembrar das coisas que o analista me dizia, para ordenar um pouco a realidade e para conseguir me agarrar na borda para não submergir e conseguir respirar, eu senti a minha vista escurecer. Até mesmo cheguei a perder a visão por alguns segundos, quando, no auge da angústia, vi meus olhos clarearem e eu "voltei" a enxergar.

Ao narrar o fato ao analista, ele me disse que, de fato, a cegueira que eu tanto temia não era a dos olhos, mas sim a de ver-me como mulher, portadora de órgãos sexuais adultos, eu já não era mais uma criança – e é isso que eu não queria ver. Na análise, pela primeira vez, alguém entendeu que o problema estava na relação que eu mantinha com a minha mãe – e isso me deixou aliviada. Aos poucos, fui me soltando e percebendo-me ouvida, fui me abrindo cada vez mais e deixando de lado aquela desconfiança inicial.

Achava interessante o jeito como o analista me ouvia. Era diferente: ele não me julgava, não dava palpites, não conversava como qualquer outra pessoa. Ele prestava uma atenção seletiva ao que eu dizia. Pescava palavras ditas por mim e depois as devolvia sob outro ângulo, que me fazia pensar e reconhecer-me nelas, ou reconhecer desejos escondidos nelas, ou ódios, ou paixões... Através das palavras eu ia me entregando, me mostrando, me reconhecendo, desfazendo a armadilha da minha "mãe", que não era nunca a minha mãe real de carne e osso e sofredora, mas a mãe por mim internalizada e vista como ameaçadora.

Às vezes sentia que duelávamos com a arma da palavra. Eu projetava nele minhas angústias, frustrações, medos, desejos, amores, carências... Em certos momentos, eu o odiava. Em outros, eu o amava... Ele era quase que um alter-ego: um lugar a partir do qual eu podia me representar.

E assim eu recontei a minha história, o meu passado, a minha relação com minha mãe, irmãos, amigos, com os estudos, a escola etc. E essa "contação" não era linear ou retilínea. Sempre no meio de uma frase ou de uma história, ele pinçava uma palavra que me fazia voltar ao inconsciente e ao meu recôndito mais íntimo. Então eu saía do registro linear do cotidiano para o registro atemporal e sempre presente do inconsciente – que não tem passado nem futuro. Descobri que o inconsciente é agora, nunca muda, é atemporal, e aproveita os lapsos do discurso consciente para eclodir.

Então saía de lá achando que não tinha falado tudo, ou seja, que eu queria falar uma coisa e falava outra. É que o rumo da sessão era sempre inesperado. A sessão se fazia a cada vez. E às vezes não se fazia.

Só sei que, pouco a pouco, através desse trabalho intenso e cansativo – parafraseando Clarice Lispector, diria que "ninguém descansa em divã de analista" –, fui me sentindo melhor. Passei a tomar consciência do meu corpo de mulher. Comecei a me olhar no espelho e a me achar bonita. Passei a ser mais vaidosa. Comecei a dormir melhor, a me alimentar normalmente. Aos poucos, os pensamentos obsedantes foram desaparecendo e eu me sentia mais leve, mais alegre, mais jovem. Algo havia mudado em mim, e eu não sabia explicar o quê. Tudo continuava igual, mas, ao mesmo tempo, tudo havia mudado. Eu não sentia mais medo de ficar cega.

Comecei então a viver as alegrias típicas da adolescência: amizades, festas, barzinhos, música, dança, flertes... Toda a imensa energia bloqueada e transformada em sintomas foi liberada. Sentia uma alegria como há muito não sentia. Graças ao trabalho da análise, comecei a viver os pequenos prazeres do cotidiano, que não podia viver antes; foi simplesmente maravilhoso: quase que como respirar quando se está para morrer afogado.

Esse ato representou um desejo que já começava a ser desbloqueado: dormir fora de casa, longe da vigilância materna, como todo adolescente sonha. E aí eu comecei a ir dormir na casa de amigas e primas, sem ter crise nenhuma, ao contrário, muito feliz. Eu nem me lembrava mais das crises. Era "só". Volto a repetir: esse fonema "só", proveniente da maneira como meu pai pronunciava a primeira sílaba do meu nome – cuja pronúncia em português deveria ser fechada, foi trabalhado na análise como um importante sinal de reencontro com a figura paterna. "Só" no sentido de me desvencilhar da suposta unidade imaginária com a mãe, da sua suposta onipotência e onisciência. Ser livre. Ser eu mesma. Ser, enfim... **Só**!

Nessa época aconteceram coisas maravilhosas na minha vida: Fiz duas viagens que me marcaram muito, e das quais tenho ótimas lembranças. Foi também a época em que entrei na universidade. Tinha então dezessete anos apenas. A primeira viagem foi à Bahia, com meu pai e minha irmã. A segunda viagem ocorreu meses depois, no primeiro ano do curso superior, nas férias de julho, com uma amiga remanescente do "período de trevas" do ensino médio. Fui, junto com sua família, visitar a terra natal de seus pais, no Nordeste. A viagem de ida foi longa e cansativa, mas eu estava feliz.

O pai dela havia construído uma casa, num sítio no meio do mato (nada menos do que a Floresta Amazônica, no meio norte). Pelo sítio passava um rio caudaloso e de águas cristalinas. Esse rio era a nossa delícia. O pai dela colocou cordas de uma margem à outra para quem não sabia nadar. Eu não sabia nadar muito bem, mas me aventurava assim mesmo. Nenhum medo. Nenhuma angústia. Só alegria. E a alegria de ser *só*.

Desse modo, com a liberdade e a alegria de sentir meu corpo ser banhado pelas águas do rio, no meio da floresta, junto com amigos e a cinco mil quilômetros de distância de minha mãe – pude me sentir deliciosamente só, correndo o risco de ficar cega, mas enxergando melhor do que nunca... Só!

Na Universidade, a mesma coisa. Fiz muitas amizades e falava sobre tudo e com uma desenvoltura muito grande para quem meses atrás era incapaz de entabular uma conversa, e falava por monossílabos... O importante é que nessa transição da morte para a vida, notei que nada tinha mudado fora de mim: minha mãe continuava a mesma, minha avó e minha tia também... A situação continuava a mesma, mas, apesar disso, eu havia mudado: e a única mudança foi a de eu ter passado a ser "só", a fazer o corte com a minha mãe.

O esforço para me distanciar da mãe, e não colar no imaginário dela exige muita disciplina interior (até hoje). Chega a ser uma ascese, porque supõe atenção constante para não cair de novo na armadilha já que a loucura faz parte da minha história, é subjacente a ela. Ou seja, minha mãe é o gancho e eu sou a rede. A doença só começa quando eu penduro minha rede no gancho dela (sedução), e fico balançando, sem chão, sem viver a realidade e o meu corpo.

Embora os sintomas que me levaram a procurar ajuda tivessem desaparecido, pela sugestão do analista, continuei com o tratamento – eu que o queria abandonar, pois já me sentia curada... Só que, naquele momento, eu ainda não conhecia as artimanhas da doença, as possíveis recaídas pelas brechas cavadas no inconsciente através da figura materna por mim introjetada...

Então continuei com a análise, embora me julgasse já curada. O analista me dizia que o fato de os sintomas terem desaparecido não significava que a doença não poderia voltar. Dizia, pelo contrário, que seria até bom que voltasse. Na verdade, era o momento de solidificar a cura. Aquele momento que estava vivendo foi mágico para mim, e eu não entendia a insistência do psicanalista na continuidade do tratamento. Porém, foi só aí que a análise começou de verdade. Eu comecei a contar meus sonhos, a falar da minha infância, dos fatos ocorridos no passado. Num primeiro momento, opus certa resistência ao tratamento, mas depois acabei aceitando – mesmo que o momento de alegria me levasse a crer que já estivesse curada.

Naquela época, tudo era novo para mim. Poder andar de ônibus sozinha, sair sozinha, conviver com os colegas, estudar sem angústia, dormir bem, despertar para o sexo oposto, viajar; tudo isso era como viver um sonho. Tudo o que era apenas normal para as outras pessoas, eu o vivia como uma benção divina, como um dom especial, como um presente... A minha juventude teve altos e baixos. Períodos maravilhosos e tristezas profundas. A tristeza que eu sentia era recorrente, cíclica... Era traiçoeira.

O primeiro ano da universidade foi maravilhoso. Uma verdadeira abertura para a vida, para a alegria, para os pequenos prazeres do cotidiano, para o outro: amizades, farra, risadas, risadas, muitas risadas...

Namorei um rapaz da minha sala, de quem gostava muito, mas o namoro não deu certo. Portanto, no final do curso, terminei com ele. Sentia-me só e tinha momentos de angústia e ansiedade pela proximidade da formatura e a entrada numa nova etapa, onde deveria trabalhar... Então, ao invés de procurar emprego ou trabalho na minha área de formação, comecei a trabalhar, aos vinte e dois anos, numa clínica de oncologia, como secretária. Depois disso, aos vinte e três, ingressei num curso de mestrado em Filosofia da Ciência, como aluna especial. Mas o pior de tudo foram os sinais da doença voltando...

Depois que abandonei o curso, pela absoluta incapacidade de prosseguir os estudos devido à crise de estar recém-formada e ter que ficar adulta, entreguei-me totalmente à loucura novamente. Na casa de meus pais, solteira, sem emprego e sem estudar, sem nada que desse sentido à minha vida: eu tinha caído nas garras da harpia. Aliás, pesadelos com harpias e cobras eram frequentes para mim nessa época. Minha avó ficou gravemente doente e veio a falecer. Minha mãe ficou muito mal. Eu perdi todos os referenciais de saúde mental. Não dormia, parecia um zumbi. Tinha pensamentos obsessivos que me atormentavam. Vivia totalmente fora da realidade. Não tinha mais amigos. Foi uma época horrível, onde, de novo, eu não via uma luz no fim do túnel.

Na minha angústia face ao novo surto, cheguei a pensar que nem a análise poderia mais me ajudar: meu corpo também estava doente. Certa noite, quando não aguentava mais, fui até o consultório do meu analista (de quem havia me afastado por um tempo). Ele percebeu o meu estado lamentável e me indicou, pela primeira vez – eu estava então com vinte e quatro anos, uma médica psiquiatra que tinha estado na França. Sem muita esperança, marquei uma consulta com a tal médica. Ela me receitou um medicamento chamado "Carbolitium" (Carbonato de Lítio). Li a bula e vi que era usado para transtornos do humor cíclicos, como o meu. Nessa época, eu já não conseguia ler, os sintomas de quando eu era criança e adolescente voltaram com toda força, ainda mais incapacitantes. E eu tinha que disfarçar os sintomas, para a minha mãe não perceber, senão seria ainda pior, pelo menos pelas experiências anteriores que tinha. Escondia a doença de todo o mundo. Comecei, então, a tomar o tal remédio. Depois de algumas semanas comecei a notar alguma melhora. Comecei a ter fome novamente, a dormir melhor. Algo havia mudado no meu cérebro e, aos poucos, os pensamentos obsedantes e delirantes foram desaparecendo. A melhora fisiológica possibilitou um melhor andamento do tratamento psicanalítico. Mas eu ainda estava longe de ser o que eu era.

Comecei também a trabalhar numa empresa que havia sido de meu pai. Na época desses acontecimentos, meu pai teve sérios problemas financeiros e nossa condição social e financeira piorou muito. Minha avó, que veio a falecer depois, tinha ido morar conosco quando eu tinha vinte e um anos. Foi aí que os sintomas reapareceram. A presença dela era um transtorno para todos nós. Sua doença a havia transformado num zumbi.

Não gosto de me lembrar dessa época. Foram anos terríveis, alienados, solitários, improdutivos, tristes, depressivos, mesmo. Era como se houvesse um véu invisível que me afastava da realidade, das coisas e das pessoas. Ainda sinto isso às vezes, mas por pouco tempo e com uma intensidade bem menor.

Na juventude, depois de graduada e em plena crise financeira, emocional e moral da família, fui trabalhar em vários subempregos, entre eles, auxiliar de contabilidade, atendente de telemarketing, vendedora, secretária, atendente, caixa de banco *et cetera*: uma época triste e inexpressiva, que foi, ao mesmo tempo, uma ponte para a cura. Na verdade, eu nem sei como conseguia trabalhar... Vivia como que "siderada", numa nuvem de alheamento que me impedia de ser eu mesma e viver a realidade do meu corpo jovem – tinha uns vinte e cinco anos nessa época. E o sexo estava para mim como que interditado: não vivia a sexualidade normalmente, como outras jovens da minha idade.

Até que um dia eu pedi demissão ao ex-sócio de meu pai, pois nessa época trabalhava com ele como auxiliar de contabilidade, datilografando notas fiscais. Queria caminhar com as minhas próprias pernas. Fazia análise ainda nessa época, em que ia de mal a pior. Lembro-me de que um dia cheguei ao consultório do analista em pleno surto: não conseguia coordenar as ideias, as palavras, tremia dos pés a cabeça, sem parar. Até hoje choro quando me lembro disso. Mas ele me abraçou, me bateu de leve no meu rosto e disse, pronunciando o meu nome: "Acorda"... Como se estivesse me acordando de um transe hipnótico... Se não fosse por ele, eu certamente teria adentrado outra vez pela psicose, e não teria conseguido mais sair dela. E não estaria escrevendo isso.

Meu último "emprego" foi o de caixa de banco, antes que descobrisse minha verdadeira vocação, sobre a qual falarei adiante. Pouco antes de ser demitida, uma colega de trabalho me convidou para fazer um curso chamado "Sadhana: Relaxamento Psicossomático e Oração", ou algo assim, não me lembro bem. Estava tão desmotivada e confusa que resolvi ir, com outra amiga, para conferir, por mera curiosidade. Fui, pois achei que não tinha nada a perder... Pensava que era mais um desses cursos esotéricos que eu fazia na época. O "curso", que na verdade era mais um retiro, durou três dias que foram decisivos para o meu reencontro com Deus. Foi algo tão forte que me emociono até hoje só de lembrar.

Pela primeira vez desde que me lembro, senti-me verdadeiramente amada, acolhida, aceita como sou. Mas, enfim, eu voltei do retiro ainda sem emprego. Depois de muita oração e currículos deixados em escolas, porém, de repente me vi numa sala de aula lotada, tendo quarenta adolescentes ansiosamente querendo me ouvir falar. Foi amor à primeira vista: finalmente havia descoberto para que eu teria vindo ao mundo – ensinar...

Tornei-me então professora efetiva da rede pública oficial do Estado de São Paulo. Pode não parecer muita coisa, e de fato não é, para a maioria das pessoas. Mas, para mim, foi uma vitória. Um ano antes de me efetivar na rede pública, voltei a frequentar o analista que sempre me acolhia. Eu estava melhor, até porque ocupava mais o meu tempo com as aulas e as atividades extraclasse típicas do magistério. Ao mesmo tempo, não suportava mais morar com meus pais. Minha mãe continuava a mesma, reproduzindo o esquema da doença. Eu havia voltado a estudar à noite, fazendo outra graduação na mesma universidade em que havia me graduado dezessete anos antes.

Minha vida era então bem corrida. Dava aula durante o dia, nessa época no ensino fundamental, que é muito mais cansativo, e à noite ia para a universidade. Nos finais de semana me dividia entre preparar aula e corrigir provas, além de ler os textos relativos ao curso e estudá-los, fazer os trabalhos e provas... Então ao prestar o concurso público e ter sido bem classificada, passei a fazer planos de sair da casa de meus pais e ir morar sozinha – sempre motivada pelo analista que me deu total apoio, alias, até incentivando que eu o fizesse.

Foi muito sofrido, pois eu vivia presa ao imaginário da doença, passei a intensificar os sintomas anteriores e a criar novos. A angústia atingiu níveis quase insuportáveis. Vivia outra e a mesma angústia: a da separação, da maturidade, do dar conta de viver e sobreviver por conta própria – ser adulta, enfim. Rituais de passagem sempre foram problemáticos e insuportáveis para mim. Sentimentos de medo, dúvida, insegurança e pânico passaram a me atormentar. Novamente eu os via como invasores – como se eu fosse apenas uma vítima deles, aceitando-os passivamente. Pensava que eles tinham "vida própria", independente de mim, e que eu não tinha nada a ver com eles. Foi só depois, com o trabalho analítico, que pude perceber que, na verdade, era eu mesma quem os produzia, inconscientemente.

Travou-se uma verdadeira batalha entre mim e eu. Duelava comigo mesma. Uma parte de mim queria a cura, queria a independência, a liberdade. Outra parte se identificava com a mãe doente e queria reproduzir e manter os sintomas, até criar novos, contanto que a simbiose doentia me fizesse permanecer ligada a ela, sendo a continuação da doença na terceira geração, como dizia o analista. Aliás, a presença e a escuta psicanalítica foram fundamentais no processo de cura durante toda a minha vida.

Sem ele, eu jamais teria tido o apoio e a coragem para sair da casa de meus pais. Com certeza estaria lá até hoje, do mesmo jeito que vivia até então, ou até pior. Quem sabe poderia ter entrado definitivamente, no domínio da psicose, que poderia ter sido irreversível.... Como, infelizmente, acontece com muitas pessoas que não tiveram a sorte que eu tive, de encontrar um tratamento eficaz e tornaram-se dependentes de psicotrópicos, talvez até se tornando vítimas do sistema manicomial. Essas internações, juntamente com um "tratamento" totalmente inadequado – algumas clínicas ainda se utilizam da eletroconvulsoterapia, por exemplo; acabam por transformar um sofrimento que pode ser curado, ou amenizado, em algo definitivo, incapacitando para sempre o doente. Minha vó recebeu eletrochoques – fiquei sabendo em criança, ao ouvir uma conversa entre adultos da família.

Sofri muito nessa época. Era sempre uma angústia e uma "falta de mim" constante... Medo, insegurança pelo futuro. Os sintomas voltaram com mais força. Voltou tudo: a anorexia, as crises de humor, o pensamento obsessivo e obsedante da loucura. Passei a viver presa ao imaginário novamente, num diálogo mudo com o inconsciente doentio de minha mãe. Não suportava mais a presença e o controle dela, o modo como ela invadia a minha vida. Nessa época, só consegui continuar trabalhando pelo fato de ter a assistência psicanalítica. Por várias vezes, cheguei a pensar em largar tudo e cumprir o destino fatídico. Não suportava mais ouvir a voz da minha mãe e as músicas que ela cantava – achava que eram para mim. Chegava a tampar os ouvidos.

Depois de já estar cinco anos na rede pública, me efetivei como professora, e passei a ministrar aulas. Foram muitas mudanças numa época confusa e difícil para mim emocionalmente. Qualquer outro terapeuta haveria me dado uma licença saúde, devido ao meu estado crítico, e eu teria ficado doente para sempre, continuando a morar com meus pais, sem trabalhar, no processo doentio de dependência, curtindo os sintomas numa vitimização e autocompaixão estéreis, que só cronificariam os sintomas e me incapacitariam para o trabalho e para a vida independente.

Quando o período de "estranhamento" e de alienação cedeu, e cedeu exatamente porque, graças às descobertas trazidas pela análise, eu não dei o braço a torcer, ou seja, não voltei atrás para o engodo materno, não me identifiquei com os padecimentos e sintomas que me atormentavam para boicotar-me como sujeito – e cumprir a promessa da continuação do mito familiar da loucura; então é que pude gozar do prazer de ser eu mesma.

Ao dar aulas, comecei a gostar da escola, a fazer amigos, a me desenvolver na minha profissão, a ter algum lazer, a dormir bem, a cuidar da minha casa, lavar a minha roupa, fazer a minha comida... Isso para mim era uma liberdade que jamais conhecera. Sentia a minha mente leve, aos poucos os sintomas negativos e o medo foram desaparecendo. Minha família passou a me respeitar mais e a parar de me ver só como doente.

Explico-me. Chegou o momento do êxodo da casa paterna (no meu caso, materna). Não aguentava mais a onipresença doentia da minha mãe e o retorno do delírio, quando precisava trabalhar e garantir meu sustento material e emocional, a autonomia e a sobrevivência. A crise da maturidade. Como disse anteriormente, se não fosse a ajuda da análise eu não teria conseguido realizar essa façanha. Foi através do trabalho psicanalítico que eu consegui reunir forças e me mudar para um apartamento doado por meu pai, que estava alugado.

No meio da batalha entre ser ou não ser – essa sempre foi a minha questão –, comuniquei meu desejo a meus pais, que a princípio não acreditaram, mas acabaram concordando, decerto pensando que não ia dar em nada. Então reformei o apartamento, mobiliei, levei alguns utensílios que já tinha. Criei coragem e tive a ajuda preciosa do analista para separar o real do imaginário no sofrimento – esse sempre real, mas equivocado –, e consegui me despedir da minha mãe, que não acreditava no que via. Lembro-me da frase que ela disse ao fechar o portão: "– É isso o que a gente ganha"... Num muxoxo de desapontamento. Fiquei triste, sim, como se tivesse recebido uma facada no peito, mas era eu ou ela. E eu apostei todas as fichas em mim.

Sim: a loucura também se aprende. Posso dizer que eu a "aprendi" observando professoras como minha avó e minha tia, desde criança.

É sempre bom lembrar: a loucura é uma via de mão dupla – um dos polos é a minha mãe, o outro sou eu. E ela só se faz numa dialética do desejo recíproco: assim como uma rede para servir de balanço deve estar presa a dois ganchos. Um só gancho faz a rede cair e ela não pode mais servir de cama ou balanço. A loucura precisa sempre de dois ganchos: se um deles deixa de existir ou de se colocar nesse papel, ela não pode mais se sustentar.

Eu sabia que não podia mudar o gancho da minha mãe, que já estava, por assim dizer, comprometido pela sua história familiar. Tive então de cuidar do meu próprio gancho. E como foi (e é) difícil... E ao mesmo tempo, fundamental...

Ficar em minha casa me proporciona um grande prazer, não me sinto só, embora viva só. Adoro poder ter o meu cantinho onde sou eu – e não a minha mãe, a dona do espaço. Nele faço o que quero, posso ter meus próprios pensamentos, conhecer-me, longe dos olhos e da voz persecutória dela. Tenho uma vida normal: trabalho, estudo, leio, vou ao cinema, saio com amigos de vez em quando. Vivo.

Eu tive a sorte de ter tido ajuda numa idade em que isso ainda é eficaz. Mas só Deus, meu analista e eu sabemos do esforço sobre-humano que tive que fazer para voltar à realidade, depois de cada crise. Até hoje, inclusive, porque estou atravessando um novo ritual de passagem: a menopausa - que trouxe de volta alguns sintomas da adolescência, e algumas crises incipientes e pontuais, já sob controle, pela ascese ininterrupta de não confundir a realidade com a imaginação, de novo através do trabalho psicanalítico. Sei que basta um deslize para cair de novo no engodo da imaginação. Também o trabalho, *tripallium,* outrora mais prazeroso, está se tornando mais estressante, nesse mundo líquido (Bauman) – onde somos medidos pela produtividade e pelos "resultados", mediante um controle sistemático e onipotente – um prato cheio para o retorno da paranoia.

Termino esse relato falando um pouco sobre a experiência da loucura. Creio que é importante e urgente desmistificá-la, torná-la humanizada e não medicada ou desvalorizada. Ela é algo *sui generis*, e só os que a vivenciam sabem como é.

O que é o delírio? A definição mais simples que posso dar é: sentir a sensação de estar "drogado" sem o estar. É sentir a dor da não irmandade com ninguém, de não poder contar com e para ninguém. "É ouvir a voz de Deus num poço tapado" (Pessoa), é acreditar no que não existe – mas existe para mim, e é tão real e palpável que me impele a agir e reagir como se fosse verdade.

É a dor de se ver cortado de si mesmo, do mundo e dos outros. É a solidão da solidão. É a "perda" do corpo, dos sentidos, do raciocínio e do mundo. É a sensação de estar morto estando vivo, é viver outra vida que não a sua - outro corpo que não é o seu... E como dói! É ser um títere de si mesmo, uma representação sem substância, vazia. É o medo de tudo até de si. É o não ter lugar no mundo, é o morrer de sede frente a um rio de águas cristalinas.

Não. A loucura não é nada disso. Ou é? Tirem suas próprias conclusões. Só sei que ela dói, dói, dói... Nos deixa à margem, como que olhando a vida através de uma janela, sempre atrás do vidro que nos separa da vida; pelas grades inexistentes que nos oprimem, sempre fugindo das garras da harpia que quer nos raptar, do perigo iminente que pode a qualquer momento, nos matar. Moinhos de vento imaginários contra os quais quixotescamente, lutamos, mas percebemos que não os alcançamos, e eles nos dominam e nos perseguem em nossos sonhos e quando acordados. Acreditar mais na imaginação do que na realidade. O delírio são as "fake news" do inconsciente, nas quais os loucos acreditam. Não só acreditam como passam a viver segundo suas regras.

Ser louco é não ter corpo, identidade e idade. É ser uma entidade vagando no espaço sideral. Ah, como sofri! (e ainda sofro, às vezes – embora com menos intensidade e com suporte psicanalítico). Ninguém tem noção do que é sofrer assim... Aguentar o não ser não é para qualquer um!

Então você passa a ter reações e pensamentos que não são seus. É a alienação no sentido total da palavra: porque você torna-se outro que não você mesmo. A alienação pode ter um sentido positivo – na literatura, por exemplo, quando nos identificamos e vivemos a vida de um personagem.

Tive o azar, digamos assim, de ter experimentado a pior forma de alienação – a psíquica, manifesta no delírio e na impossível vivência de uma vida alienada no outro, pagando o preço da minha própria perda enquanto corpo, sujeito e destino.

O pior é que, se quiser cortar essa parte doente de mim, mesmo agora que estou "bem", como se extirpasse um tumor, nunca conseguiria, porque **ela me constitui enquanto ser humano.** Posso conviver com ela, sim, agora que entendo o processo que a produz. Posso até passar por "normal".

Mas sei que, no fundo, nunca serei normal enquanto sujeito assim constituído – na loucura. Sei que é possível conviver com ela sem a ela retornar. Sei que é possível realizar essa ascese diária de me reencontrar após cada decepção, cada sofrimento inevitável, cada impasse, cada fracasso. Portanto, nunca deixarei de ter esse potencial para a alienação psíquica. Mas ser "borderline" é infinitamente melhor do que ser louca. Embora muitas vezes me sinta bem mais lúcida do que os que se julgam "normais" (até porque, segundo Caetano Veloso, de perto, ninguém é normal).

Porém, a loucura é a pior forma da solidão humana. Torna-nos incompreensíveis e incomunicáveis com os simples mortais. Todas as formas de opressão humana são tristes e trágicas: o preconceito, a exploração, a guerra, a pobreza... Mas, a loucura ultrapassa a todas em angústia – já que é a perda de si e da liberdade, o bem maior que podemos desejar!

Então a loucura foi e ainda é, para mim, uma forma de ser e estar no mundo – e até de ver ângulos e relevos que os "normais" não percebem – como se fosse um terceiro olho. Diferente, sim. Difícil, sim. Mas, uma vez entendida, domesticada e trabalhada, pode ser uma fonte de criatividade e inspiração – ou "piração"... Como você preferir, leitor.

Até hoje tenho problemas com delírios, confundindo a imaginação com a realidade. A análise me proporcionou os meios para me distanciar deles e não embarcar neles. Aí eles desaparecem como o vento. Mas é difícil, às vezes! Hoje, na maturidade, uma idade difícil para a mulher, tenho tido algumas recaídas na doença. Mas tenho o apoio do psicanalista e da psicanálise – e tenho conseguido superar essa tendência para viver coisas que só existem na minha imaginação.

Sim, fico cansada às vezes, mas vale a pena!

Estou começando a descer a montanha da existência, mais um ritual de passagem, quiçá o último! A angústia volta a me invadir. Porém estou em meu apartamento, estudei, tenho um trabalho digno, de que gosto, pago minhas contas e sou cidadã. Toco minha vida para frente e sou importante na vida de alguns alunos e amigos. Escrevo. Sou. E aguardo a epifania que virá. Amém!

Então vale a pena olhar para trás e ver que estou aqui, viva, contando minha história para que ela possa ajudar a outros que estejam precisando. É o que desejo...

Reflexão

Estamos aqui certamente diante de um caso de epigenética. Na família-origem da mãe a loucura atravessava várias gerações. Aqui entre quatro irmãos apenas a paciente já em sua concepção recebe o marco da loucura em um de seus genes. E por não ser alteração genética como aliás a própria loucura, pôde superar o marco epigênico. O momento decisivo na análise foi a introdução do discurso do pai não reconhecido pela mãe. O psicanalista, na função de Um-Pai, presentifica o significante do pai mediante o qual ele a reconhecia. E ela se castra do domínio dual da mãe que a "escolhera" para a continuidade da loucura familiar. "Só", cortada de complemento fálico da mãe, pôde viver a liberdade de ser ela, a alegria de ter um corpo próprio e a satisfação de ser sujeito de seu desejo.

Descobriu a si, viu que era inteligente e se expandiu em seus dons literários. Encontrou seu lugar na vida, no mundo e tornou-se delicadamente sensível a todo sofrimento humano.

"Eu sou deus"

Jovem, 20 anos. Inteligente. Quarto ano de faculdade. Enfrenta sua primeira crise psicótica durante e após um retiro de quatro meses na instituição católica extremamente conservadora chamada Opus Dei. Este movimento foi fundado em 1928 por Josemaria Escrivá de Balaguer, sacerdote espanhol, que, entre várias propostas, defendia os valores cristãos, a prática cotidiana da santidade e, por vezes, pequenos sacrifícios e privações pessoais como agradáveis a Deus.

Após sair do retiro numa casa dessa sociedade, a mãe é chamada: "Levy não está bem, não fala coisa com coisa". Ele não dormiu a noite toda. Os temas que o alucinavam eram "o pecado", "o inferno" e a busca pela perfeição divina, ainda que na qualidade de um simples mortal. Além disso: "Mãe, você não devia se separar de meu pai, isso é pecado mortal"... "O casamento é indissolúvel". Pensava sem parar, sem descanso: o que posso fazer para melhorar ? Como me tornar perfeito ? Como ser um filho perfeito de Deus ? Como chegar até ele ? Como ficar parecido com ele ? Como salvar todo o mundo do pecado ? Imaginava conseguir salvar a quem via apenas com um piscar de olhos... Começou então a piscar incessantemente: a cada piscar de olhos, uma alma vai para o Céu... seus olhos então se fecham... sem perceber, estava apoiado sobre seus pulsos que cobriam sua boca e seu nariz, impedindo-o de respirar... sua mente se enche de branco, de luz... descobre: eu sou Deus !

Levy apaga e acorda em um local estranho. Era uma clínica.

Levy apresentava o desarranjo psíquico de um mal-estar generalizado. A mãe o levou ao ambulatório da PUCC. Diagnóstico: esquizofrenia.

Medicado, melhorou, mas quatro dias depois teve um quadro de febre, diarreia. Ainda sob efeito da medicação, em seus poucos momentos de consciência, tinha alucinações dissociadas da vida real. Assim que recobrou um mínimo de lucidez, imaginou ter visto a irmã. Pensava ter morrido e estar passando pelo purgatório. Pouco depois, evoluiu, mas mostrava-se precisando do carinho da mão da mãe. Ele começou a dizer que não prestava, era egoísta, entrou em autonegação.

A mãe, médica, o conduziu às sessões de psicanálise. Após dois anos da cura do filho, ela também passou a se analisar com o psicanalista e, ao mesmo tempo, seguia seus seminários sobre a loucura: "História de Loucura", de Michel Foucault, e sobretudo, a abordagem psicanalítica da psicose elaborada e praticada por Lacan, seguido de Serge Leclaire, Maud Mannoni e outros... Ela manteve domínio e serenidade para entender que a loucura não pode ser separada da existência e da aventura humana. Dolorido era que a prova veio em um filho seu, por sinal, querido.

Ela tinha noção clara, comprovada, que "medicamentos psicotrópicos" são apenas sintomáticos. Rebatem o sintoma mas deixam a causa intacta e produzem efeitos colaterais desconcertantes e desagradáveis. Mas tinha ciência de que, diante da dor, mesmo um analgésico não devia ser descartado. A mãe temia também uma internação em hospital psiquiátrico: uma vez internado, dificilmente tem saída. Ela sabia do horror da cronificação.

Levy tem outra complicação de saúde: a mãe descobre que claramente ele está com pneumonia. Ela o interna e fica com ele. Superada a pneumonia, a mãe volta ao trabalho.

Levy se diz triste, com saudades do pai que, separado da mãe, tinha desaparecido. Um dia, pelas 13h, o pai vem vê-lo. Ele fica comovido pela visita. Às 16h, liga para a mãe: "Mãe, não estou nada feliz"... A pessoa que estava com ele: "Maria, Levy não fala nada com nada". "Levy voltou para baixo de novo". Levy já não dormia, não comia... estava com a cabeça pior.

A mãe o tira do hospital e resolve cuidar dele. Procurou um psiquiatra conhecido da cidade. Diagnóstico: depressão profunda. Assim mesmo, o médico lhe receitou um antipsicótico.

O psiquiatra se mostrou "cheio de dedos para lhe dar remédio". "Você vai ficar do lado dele *full time*. Você tem que ficar do lado dele... Isso é uma depressão profunda... num momento ele pode se suicidar"...

A mãe resolve levar o filho a morar no apartamento dela - mas como abrigar no 4º andar um garoto com tal recomendação psiquiátrica? Os psiquiatras ignoram a força da transferência.

A mãe convivia com um companheiro que muito a auxiliou no suporte da crise do filho. Durante três meses, ele abrigou Levy e sua mãe em chácara de sua propriedade. Ela sabia que era necessário suportar a crise, o delírio psicótico, era preciso respeitar a "viagem" do doente. E ela o respeitou totalmente. Passou a confiar nele e lhe manifestar essa confiança para ele superar a doença.

Por respeito ao sofrimento do filho, o companheiro e ela procuram guardar privacidade no processo de recuperação da doença. Levy, porém, medicado com há- loperidol, passa por uma inquietação generalizada: abaixar as calças, lavar a casa, não dormir... Não dava para pregar o olho... Ele desmontava na escada... Não tinha um momento de sossego... Não aguentava a cachorrinha, se irritava com o canto do bem-te-vi... Imitava cobra e outros bichos... Ele ouvia mais que a gente: "Mãe, eu não aguento, é muita coisa na minha cabeça". Todo dia o remédio era aumentado.

Desde o início dessa primeira crise ele é trazido ao psicanalista: uma longa viagem tem início. Ele é acolhido em seu sofrimento, em sua dor de estar fora de si, dominado pelo grande Outro despótico que o maltrata de todo jeito, o reduz mesmo a um animal. Na medida em que é escutado, esse domínio feroz do grande Outro delirante vai cedendo. Levy, muito sagaz, vai desmontando o imaginário empedernido pelo delírio e aos poucos o retoma em seu benefício: retoma tempo e espaço de sua vida, após um ano lutando com a doença; volta aos estudos e deixa a medicação (que sempre rejeitou pois se achava suficiente para resolver sozinho seu problema); e deixa a análise.

Durante 18 anos, cresce profissionalmente, casa-se. Cresce também profissionalmente e financeiramente: adquire apartamento e constitui empresa em sociedade com amigos. Dedica-se aos esportes em geral. Em sua bicicleta, em longas viagens, encontra alívio e repouso em sua vida muito ativa. Na prática do squash, acha boas e duradouras amizades, que também trazem mais prazer e satisfação pessoal.

No plano conjugal, teve raros momentos de felicidade com a companheira, em um relacionamento que se mostrou superficial e com pouco afeto.

Em 2008, tornou-se sócio de uma empresa multinacional americana, que adquiriu cotas de sua pequena empresa. Em 2012, a empresa o convocou para um curso na Alemanha: um treinamento corporativo baseado nas ideias de Daly Carnnegie. Treinamento de imersão, com intensidade similar à imersão feita no retiro da Opus Dei anos atrás. Levy, sempre muito dedicado, acaba passando noites em claro sem perceber, participando do curso em Frankfurt e tentando atender às demandas do trabalho no Brasil.

No caminho de volta para o Brasil, em pleno voo de Frankfurt para Londres, grita em português: "Pessoal, tudo vai dar certo". No pensamento: "Eu sou Deus". A equipagem logo se deu conta de que o passageiro estava alterado. Na chegada ao aeroporto de Heathrow, Levy testa sua tese ...

Levy ficou dois dias em Londres. Conheceu o escritório local e, em companhia de um colega de trabalho, visitou lugares místicos, como Stonehenge. Ideias e pensamentos religiosos sorrateiramente já começaram a invadir e dominar sua mente.

Em Heathrow, na hora de embarcar para o Brasil, ele "avisa" a tripulação que sua bagagem continha uma bomba "Vocês vão permitir que toda essa gente vá morrer"? A bagagem foi vistoriada mais uma vez e nada foi encontrado. O Comissariado se deu conta de que Levy estava alterado. Chamaram a polícia. A mãe teve contato direto com o policial que o atendeu.

Embora o paciente se mostrasse agressivo com o pessoal do socorro, todos foram dedicadamente profissionais, trataram-no com todo respeito e o encaminharam à hospitalização. A mãe, colocada a par do ocorrido, incontinente voa para Londres. Diante do procedimento totalmente psiquiátrico, a mãe expõe aos médicos que esta é uma segunda crise, e que a primeira foi tratada por um psicanalista lacaniano. Tenta a possibilidade de que ele não esteja impregnado para poder voltar tão logo possível ao Brasil; procura explicar aos médicos que o delírio é objeto de escuta e de cura. Ela é respeitada. Os médicos a informam que não é permitido viajar de avião nesse estado. A mãe entende e aí começa o sofrimento de ela assumir mais essa segunda crise de seu filho.

Levy, por indicação dos médicos, passou por três hospitais na Inglaterra. Os cuidados eram acirrados: psiquiatras, enfermeiros e paramédicos. Num desses hospitais, a mãe presencia uma cena muito especial para a psicanálise: ele atirou uma lata de coca-cola no espelho e gritou: "agora te peguei". "Agora te peguei": "cola"-se na imagem do espelho e a Urbild, a imagem primitiva, primeira, imago e a Urverdrängung, o recalque primitivo dela, restituem-lhe o reencontro de sua subjetivação constituinte: "agora te peguei". Retorno ao seu nascedouro. Reconstrução em análise, um lampejo iluminando-lhe o real, restituindo-lhe o racional frente à loucura disparada. A Spaltung (divisão) do humano, a hiância benfajeza vislumbrada num átimo. Levy revisitado. Reapossado. Instante de renascimento. "Agora te peguei", Levy. O Eu podendo dialogar com o Tu. Momento fecundo, momento do choque entre seu mundo imaginário enlouquecido e o reencontro da identidade imaginária da imago na qual sempre se reconheceu. A dor foi tanta que ele se pôs de quatro, imitando e uivando como um cachorro à procura de comida.

Na profundeza do delírio, Levy não guarda memória destes fatos. Na primeira retomada de consciência, seu pensamento se enche de: "nossa, eu morri de novo, mas ainda estou vivo, sou indestrutível; morri e estou no purgatório (de novo); morri e fui para o inferno; estamos todos embaixo da terra". Levy recobra sua consciência na terceira instituição psiquiátrica/hospitalar e não tem qualquer memória do que ocorreu nas duas instituições anteriores.

Aos poucos, a força do delírio foi cedendo e ambos voltam ao Brasil. Durante esse tempo, a mãe mantém contato com o analista e ele vai orientando-a na acolhida do filho. Aqui chegado, ele é imediatamente trazido ao consultório dele. Retomaram a análise. O psicanalista reconhece que era muito bom trabalhar com um paciente tão inteligente e tão aberto ao inconsciente.

"Em 2011, eu fui a um casamento em Berlim e depois fui a Frankfurt. – Passei mal. Eu sentia a mão adormecida. Coisa física. Vontade de vomitar. Tomei soro. Dancei como um louco. Dancei imitando os outros. Dormi só 2 horas antes da crise. Não respeitei o fuso horário. Isso desequilibrou meu sistema nervoso. Numa sala eu via as pessoas baterem as mãos na parede. A Josefa estava dando as cartas".

"Fui à Munique para um curso de gestão de pessoa. Tema central: evitar conflito e tratar os assuntos de maneira corporativa".

"A crise me pegou em cheio: eu era Deus. Eu estava no purgatório. Aí veio que eu era Deus e podia ajudar outras pessoas, sobretudo nos hospitais psiquiátricos".

"Eu brigava com 3 ou 4 pessoas negras que estavam me pondo para baixo. Todos nós temos um pouco de Deus. Somos imagem e semelhança de Deus".

Preconceito: "eu tinha apanhado de uma pessoa negra".

"A pessoa que me ajudou era um lord. Lord é Deus também".

"No primeiro dia da briga, vi pela janela do hospital um 8 de estrelas: uma perfeita limniscata, representando o infinito! Era como se eu visse o fim do mundo, uma visão de fim do mundo".

"No hospital de Londres, eu estava convencido de que o mundo tinha acabado. Abro a porta e um monte de pessoas vinham de baixo para cima. Eu tive medo. Essas pessoas vinham do inferno".

"Estou trabalhando com uma pessoa, Sr. ... Eu achava que ele queria me mandar para o inferno. O mesmo eu achava dos médicos".

"Havia uma outra pessoa igual a mim. Era um egípcio. Josefa, minha mulher, comia banana com casca e tudo".

"Fiz uma oração em português. Pai Nosso. Nós somos irmãos, precisamos de respeito... Estou curioso para procurar filmes de planetas – invasão alienígena. É como se eu tivesse caído na mão de alienígenas. Sinto mais próximo de um contato com Deus. Noto que estou mais observador, mais curioso – detalhes. Tento ajudar pessoas que nem conheço – na rua".

"Na primeira crise eu segurava a cabeça, achava que ela ia petrificar. Sentia arrepio na cabeça, era arrepio do Espírito Santo, era fala direta com Deus".

"Um impulso de autoflagelação tomava conta de mim, então eu sou Deus; eu me jogava no chão e sabia que nada viria me acontecer".

"Houve um tempo em que eu não sabia o que estava fazendo: imitava cachorro, agora andei imitando macaco. Eu comia banana com casca. Eu brigava com as pessoas, não via nem escada. Eu era Deus, eu era imortal. Imagem do infinito. Um inferno: cobra comendo cobra, touro comendo outro... Me intriga a vida depois da Terra... No aeroporto, um cliente parecia ser do Mal... ele dominava... parecia que ouvia a voz dele"... Minha voz atravessava as paredes... irradiava... Eu tinha que trabalhar com os clientes internos... Era como um tufão dentro de mim... Era como se eu fosse o melhor de todo mundo... como se eu fosse o bom samaritano".

"Logo no aeroporto de Londres, eu achava que era Deus... Era o fim do mundo... um choque das estrelas com a Terra... Eu sentia que podia jogar-me e não iria acontecer nada... era a onipotência".

"Parecia que eu ia para o inferno e as pessoas iam me buscar. Meu pai batia na minha mãe... Eu vi o inferno e um cara passando uma máquina sobre mim... Ele tinha um *hotline*... 0800 e eu ligava para Deus".

"Depois fui fazer um passeio com o tal cliente em Stonehenge... parecia que ele ficava irradiando comigo... Eu olhava as pessoas e ficava imaginando se elas iam se salvar... uma vez tive lembrança de uma ambulância... Eu era um celular sem bateria... um computador sem bateria... eu também era um cara sem bateria... Passei dois dias na polícia..."

"Hoje estou mais calmo, respeitando as pessoas. Melhorou bastante. Eu queria voltar ao trabalho. Penso em meio período. 4 horas para recomeçar. Eu ainda estou falando meio mole, mas é por causa do remédio. Já voltei ao planeta Terra, eu estava em outra galáxia".

Recuperada a saúde, Levy muda de emprego e consegue com três sócios abrir uma nova empresa cujo fim é continuar com projetos para o meio ambiente.

E hoje Levy é um executivo bem-sucedido, casado novamente e pai de uma linda filha.

Sonho

É de extrema importância clínica quando o paciente psicótico em análise nos traz seu primeiro sonho. Isto é sinal certo de uma análise bem-sucedida.

É fundamental que delírio ou alucinação que engessam o imaginário consciente cedam lugar à atividade do sonho. No sonho, nos diz Freud, somos esquizofrênicos, estamos a contemplar uma cena que é produzida pelo nosso inconsciente e estamos divididos dela, assustados ou terrorizados por ela, e não nos vemos autores dela. Quando um psicótico sonha, é sinal clínico certo de que seu cérebro voltou a se encarregar de tratar de delírios e alucinações, ele já não é mais um psicótico. Dia de alegria, satisfação, pois o novo (poesia!) voltou a ser criado. O sonho é atividade normal de nosso cérebro, é ele que mantém nossa saúde mental. O sonho, diz Freud, é o guardador do sono. É interessante notar que o primeiro sonho do paciente na segunda análise foi a chancela de que a loucura fora de novo debelada.

Sonho da cura

"Sonhei que havia uma quantidade de caixas empilhadas. Dentro delas, havia ideias. Do lado, outra quantidade de caixas. As ideias passavam da primeira fileira para a segunda.

No meio de ambas, um OVNI puxava as ideias e as levava.

Eu o via arrastando, roubando as ideias".

Sonho fundamental:

- 2 pilhas de caixas: o paciente passara por duas crises de psicose. A segunda crise foi bem menor. Tratava-se de um paciente analisado, com a primeira crise superada.

- As caixas continham as ideias, arquivos guardados de ideias, sobretudo "ideias" da primeira crise.

- As ideias passavam para a 2ª pilha: a segunda crise apresentou "ideias" semelhantes, senão iguais à primeira crise.

- As ideias (os delírios da primeira crise) mais prolongadas voltaram na segunda crise, que foi mais curta porque a loucura da primeira fora analisada.

- O OVNI é a abdução do delírio em que ele se apaga, totalmente fora de si; vê-se raptado pelo delírio (OVNI). Nem se lembra dos primeiros dias da crise quando perdeu a normalidade.

- Londres: "eu vi pela janela que a terra se chocava com as estrelas".

- Importância: é fundamental numa análise quando o delírio e a alucinação passam para o nível do sonho. É ele que sela uma análise bem-sucedida.

Sete anos se passaram, Levy em saúde física e mental: em casa, no trabalho, no esporte, na convivência.

O psicanalista teve uma intuição clínica: 6 meses antes do nascimento da filha de Levy, pensou em submeter o relato desse sofrimento à apreciação e à crítica dele. Conteve-se: "é melhor esperar o nascimento da filha. Possivelmente tenha outra crise". E foi exatamente o que aconteceu. A filha nasceu. Dois dias depois, ao voltar da gráfica a que tinha encomendado cópia de uma apostila sobre cuidados com o nenê, quando entrou em casa, a esposa notou que ele estava alterado e confuso. De novo a "catástrofe imaginária": o mundo ia acabar e ele se achando poderoso! Delírio de onipotência. Ele era Deus. O apartamento imaginariamente não era dele, era do sócio um pouco mais velho. Dificuldade para se localizar, comer, dormir, higiene... A irmã médica pede ajuda a um colega psiquiatra. Este lhe prescreve três medicamentos. Sequer conversa com o paciente. O psicanalista tenta um contato via e-mail, explicando o processo de superação de Levy. Sequer tomou conhecimento.

Levy fica dominado pelo delírio, desliga-se do real, o imaginário coagulou-se de novo. A família mantém contato contínuo com o psicanalista. A mãe, já escorada nas experiências anteriores, apazigua a esposa de Levy e a ajuda a não se apavorar nem ver nisso qualquer calamidade. Ajuda-a no trazer Levy ao real: chamando-o pelo nome, convidando-o aos cuidados do corpo e ao trato com a filha, à execução de tarefas domésticas como lavar louça, varrer, tirar o lixo... Enfim, trazê-lo ao real, ajudá-lo de todo modo a quebrar a fixação (Freud) do imaginário (= delírio)... Facultar-lhe romper com a "estagnação da sublimação... essência da psicose" (J. Lacan). E... dormir o mais possível: o inconsciente tem que voltar a dar conta da loucura. Foram apenas 5 dias de estado ajudo. Em 20 dias, a crise tinha passado exatamente como o previsto no tratamento psicanalítico da psicose: primeiro, novo surto, o terceiro! Certeza clínica de que o tratamento está no caminho certo, segundo, o surto é do mesmo conteúdo histórico dos delírios anteriores, terceiro, a reincidência é muito mais breve. Aqui apenas dez dias. E a prova da cura consiste em o cérebro voltar a dar trato à esquizofrenia do sonho.

Vinte e cinco dias após o início da crise, o sonho veio: "Sonhei que estava numa quadra de squash. Do lado, assistindo, estava meu amigo, filho do dono da quadra. Exímio jogador. Eu estava perdendo de quatro a zero. Mas eu tinha certeza que ia reverter o placar, pois uma vez eu perdia por dez a zero e acabei ganhando o jogo".

Levy é apaixonado por esse esporte. Ele passou por três crises, as venceu, mesmo que tivesse uma quarta tinha certeza de que a venceria. O sonho é a retificação, é a chancela, é o carimbo de que a psicanálise possibilitou mais uma vez que Levy estivesse curado.

Levy, após vinte e sete dias do início do terceiro surto, voltava ao ritmo de vida normal: em casa (marido, pai), no trabalho e na vida cotidiana.

Desta vez a questão da medicação teve circuito curto, graças à mãe que, além de médica, sabe bem que o arsenal químico dos psicotrópicos é apenas sintomático. Além disso, sabe como atua esse tipo de medicamento. Levy, muito inteligente, tem ódio da obnubilação mental e do travamento muscular desses "medicamentos". Assim que Levy voltou ao normal, o desmame começou a ser praticado. Ele procurou um psiquiatra que lhe prescreveu uma dose mínima de antipsicótico. Nada da estupidez: "você precisa tomar medicamento a vida toda, se não o delírio vai voltar". Se voltar, Levy o tratará. Será sempre em sinal de saúde. Única saída diante de um real insignificável. Levy optou por não tomar os medicamentos e seguir apenas com a análise.

Reflexões

Interessante! Temos aqui um caso semelhante ao de Schreber. Deus, deuses, o diabo, o inferno, onipotência, salvação são significantes dominantes ao longo de delírios. Penso que o apelo às crenças religiosas são a confirmação do que Lacan propõe com o mecanismo de Verwerfung (foraclusão). A ausência do Nome-do-Pai num significante da sequência da cadeia obriga o paciente sob delírio a apelar por um substituto que cubra esse vazio da ausência do Nome-do-Pai: tanto em Schreber quanto nesse paciente, deuses ou Deus são invocados e, diante da angústia monstruosa do delírio, dominado por ele, não podendo dar conta, o paciente se imagina e se declara também Deus, onipotente, também ele.

Realmente se trata de uma "saída de saúde", é a convivência possível com o domínio do delírio. Caso contrário, seria a morte do psíquico: "Era o fim do mundo"... "uma visão de fim de mundo", "a Terra se chocando com as estrelas"... eis o que Lacan chama de "catástrofe imaginária", "cascata imaginária",... "crepúsculo do mundo", "mundo em looping", "momento fecundo" em que o imaginário deixa de estar a serviço do sujeito (garantindo-lhe os referenciais de tempo, espaço, localização, subjetivação) e passa ao domínio do delírio.

Assenhora-se do sujeito, decreta estado de sítio, o sujeito se apaga e, sob o jugo do invasor, passa a repetir e a temer a mensagem única imposta. A paciência clínica do psicanalista alcançará o instante propício à inserção de um significante na cadeia dominante, que começará a reordenar o imaginário esboroado em ordem ao real. O analista como na escuta do neurótico, não pode se precipitar, nada antecipar, jamais intervir fora do tempo do sujeito e não fomentar hipóteses. O paciente tem que se assegurar através da escuta acolhedora do analista, assegurar-se do que o psicanalista "delira com ele": "O psicanalista jamais deve hesitar em delirar". "... Se eu fosse mais psicótico, eu provavelmente seria melhor analista" (Lacan, Ornicar 9). Caso contrário, a transferência se anula, porque o paciente percebe ou sente que o analista não crê no delírio como significante dele. Ele percebe que o analista ou outro profissional não o escutou em seu delírio. E aí ele se angustia muito, desespera-se mesmo.

Um analista que não percebe que o delírio é um real de um vazio que dolorosamente não pôde ser simbolizado está fora da escuta do louco. Encara o delírio como mera fantasia, um erro lógico a ser corrigido ou suprimido. Fracasso total. Ele não consegue ocupar de alguma maneira o lugar-tenente do Nome-do-Pai faltante.

Mais uma vez

"O delírio é um significante que representa o sujeito para outro significante" (Lacan). O significante do delírio que aparece no real representa o sujeito para o significante que não pôde ser simbolizado. Entender o delírio, localizá-lo na história do paciente, é o caminho da cura. O delírio, a alucinação nos revelam exclusivamente a loucura daquele sujeito. Não existe a psicose, existe o psicótico.

Alguma Bibliografia

ARBEX, D. Holocausto Brasileiro. Câmara Brasileira do Livro, – 1ª edição. – São Paulo: Geração Editorial, 2013.

ASSIS, M. Memórias Póstumas de Brás Cubas. Rio de Janeiro. 2ª edição. Civilização Brasileira. 1977.

BAITELLO, N. J. A Era da Iconofagia. SP. Paulus, 2014

BAUMAN, S.O Mal-Estar da Modernidade. Zahar

BEAUVOIR, S. A Mulher Desiludida. Editora Nova Fronteira. 1986.

CHARLES, S. Cartas sobre a Hipermodernidade - Barcarola

DOR, J. (1989). *Le père et sa fonction en psychanalyse.* Paris: Point Hors Ligne.

DOR, J. (1991a). *O pai e sua função em psicanálise.* Tradução Dulce Duque Estrada. Rio de Janeiro: Jorge Zahar.

DOR, J. (1991b). *Estrutura e perversões.* Tradução de Patrícia Chittoni Ramos. Porto Alegre: Artes Médicas.

DUPAS, Gilberto. O mito do progresso. São Paulo: Editora Unesp, 2006.

FREUD, S. (1970c). *Cinq psychanalyses.* Tradução de Marie Bonaparte e Rudolph M. Loewenstein. Paris: Presses Universitaires de France.

FREUD, S. (1971). *L'avenir d'une illusion.* 1ª Edição. Paris: Presses Universitaires de France.

FREUD, S. (1971) *L'interprétation des rêves.* Tradução do alemão por Hélène Legros. Paris: Gallimard.

FOUCAULT, M. – Histoire de la Folie – Union Gènèrale d'Editions – Paris 1961.

FREUD, S. (1971). *Malaise Dans La Civilisation.* 1ª Edição. Paris: Presses Universitaires de France.

GøTZSCHE, P.C. Medicamentos Mortais e Crime Organizado. Como a indústria farmacêutica corrompeu a assistência médica. Porto Alegre: Bookman, 2016.

KAFKA, F. Carta ao Pai. Tradução do alemão e posfácio: Modesto Carone. 5ª edição. 1993. Editora Brasiliense.

LACAN, J. R.S.I Le Seminaire 1974/1975, seminário de 10 de dezembro de 1974, p. 8 (francês), p. 7 (português).

LACAN, J. (1966). *Écrits.* Paris: Seuil.

LACAN, J. *Télévision*, Paris: Seiul, 1974.

LACAN, J. (1981). *Le seminaire, livre III – Les psychoses.* Paris: Seuil.

LACAN, J. Meu Ensino. Rio de Janeiro: Jorge Zahar, 2005,

LACAN, J. *Nomes-do-Pai.* Rio de Janeiro: Jorge Zahar, 2005, p. 11.

MANNONI, M. *Le psychiatre, son "fou" et la psychanalyse*, Paris: Seuil, 1970. Edição brasileira: – *O psiquiatra, seu "louco" e a psicanálise.* Rio de Janeiro: Zahar, 1971.

MANNONI, M. *Teoria como ficção.* Rio de Janeiro: Campus, 1982.

ORNICAR? Bulletin périodique du Champ Freudien, nº 9, 1977 – passim

SOUZA, A. *Os discursos na psicanálise.* Rio de Janeiro: Companhia de Freud, 2004, p. 125.

Construindo ideias
e conectando mentes

Este livro foi composto com tipografia Bembo Std
e impresso em papel Pólen Soft 80g.
na Gráfica Formato em setembro de 2021.